내려놓으면
모든 것이 온다

단사리의 완성,
깨달음과 자유의 인생 철학

" 네 마음을 지켜라. 생명의 근원이 이에서 남이니라. " < 솔로몬의 잠언서 4:23 >

< 이 책은 13년 전 출간되어, 이제 완전히 절판되어 구하지 못 하는 책의 개정 증보판이며, 이 책은 《단사리(斷捨離) 마음혁명 3부작》 시리즈 중의 한 권이다. 이 시리즈는 "마음이 바뀌면 인생이 바뀐다."라는 공통된 철학을 중심으로 3단 구조로 구성되어 있다. 전체 주제는 '단사리(斷捨離)를 통한 내면 혁명 → 자유의 회복과 해방 → 깨달음과 완성' 흐름이다. 제1권: 혁명(Revolution) ― 끊고, 버리고, 떠나라, 부제: 나를 바꾸는 마음 혁명 지침서 _ 단 · 사 · 리(斷 · 捨 · 離)이며, 제2권: 해방(Liberation) ― 마음의 주인이 되어라, 부제: 단사리 그 이후, 내면의 자유를 완성하는 법이며, 제3권: 완성(Realization) ― 내려놓으면 모든 것이 온다, 부제: 단사리의 완성, 깨달음과 자유의 인생 철학이다. >

프롤로그: 삶의 혁명은 마음에서부터 시작된다.

"우리 세대가 이루어낸 가장 위대한 발견은 인간이 자신의 마음 자세를 바꿈으로써 삶 그 자체를 변화시킬 수 있다는 사실을 발견한 것이다."
< 윌리엄 제임스 >

시중에 나와 있는 어떤 책을 읽다가, 문득 다음과 같은 생각이 들었다.

" 아닌데, 물건이나 환경을 정리 정돈한다고 해서 우리 삶이 바뀌는 것은 아닌데!"

라는 생각이었다. 정리 정돈을 하고, 쓰지 않는 물건을 버리면, 우리 마음도 역시 정리정돈이 되어, 행복해질 수 있다는 메시지를 담고 있는 책이었다. 물론 이 책이 주장하고 있는 것이 완전히 틀렸다고는 할 수 없다. 단지 저자의 생각과 다를 뿐이다. 그래서 나는 이 책과 다른 견해를 가진 수많은 사람 중의 한 명으로, 그 다른 견해를 세상에 알리고 싶었다. 그래서 이 책이 탄생하게 된 것이다.

우리의 환경이 우리의 생각을 바꾸고, 우리를 행복하게 해 주는 것이 아니라, 우리의 마음이 우리의 환경을 바꾸고, 우리의 인생을 바꾼다는 사실을 말하고 싶었다.

누군가는 말한다.

" 내 환경이 엉망이기 때문에, 내 인생도 그런 거야."

하지만 사실은 그렇지 않다. 그것도 정반대로 말이다. 내 인생이 엉망이기 때문에, 내 환경도 그렇게 된 것이다. 그렇기 때문에, 환경을 바꾼다고 내 인생이 바뀌어 지는 것이 아니다. 인생을 바꾸고 싶다면, 먼저 마음을 바꾸어야 하는 것이다.

아주 오래전에 읽었던 책 중에 어떤 한 부분이 아직도 기억나는 책이 있다. 물론 그 책의 제목이나, 작가의 이름은 기억나지 않는다. 하지만 그 책 내용 중에 바로 이 부분은 아직도 기억난다.

술주정뱅이이며, 전과자로, 번듯한 직업도 없이, 술만 마시며, 가족들이 힘들게 벌어 온 돈을 다 탕진하고, 그것도 모자라서 폭언과 폭행을 일삼으며, 자신의 처지를 비관하며, 언제나 술에 취해서 자기 몸도 가누지 못 하면서, 세상에 대해 온갖 불평, 불만과 욕설을 내뱉으며, 하루하루 살아가는 병 든 아버지가 있는 가난에 찌든 비참한 가정 환경에서 똑같이 두 형제가 자랐다.

그리고 이십 년이 흘렀다. 두 형제의 삶은 모습은 어떻게 변해 있었을까?

이십 년 후 형은 아버지와 똑같은 전과자에, 주정뱅이에, 실업자가 되어 있었다. 하지만 동생은 그런 사람들과 전혀 다른 반듯한 변호사가 되어 있었다.

무엇이 이 두 형제의 삶을 가른 것일까? 그것은 바로 '마음'이었던 것이다. 형은 술주정뱅이 아버지와 가난에 찌든 가정환경 속에서 하루하루 살면서, 자신의 마음도 환경에 영향을 받는 것을 거부하지 못하고, 자신의 마음이 그러한 환경에 얽매이고, 사로잡히게 그대로 내버려두었다. 하지만 동생은 그러한 환경이 자신의 마음을 사로잡도록 내버려두지 않았다. 마음으로부터 그러한 환경을 몰아내기 위해, 환경과 연결된 모든 연결을 끊어 버리고, 환경과 관련된 부정적인 생각들을 모두 버리고, 환경이 만들어 주는 비참한 상황을 마음으로부터 떠났다. 그 결과 동생은 환경을 극복하고, 환경의 주인이 되어, 성공적인 삶을 살아 나갈 수 있었다.

이 이야기가 우리에게 전달하고 싶은 메시지는 무엇일까? 그것은 환경이 아무리 어렵고, 복잡해도, 그것을 극복해 내어 주인이 되느냐, 아니면, 그 환경의 노예가 되어, 환경이 원하는 대로의 비참한 인생을 살 것인지는 오롯이 우리 마음에 달려 있다는 것이다.

" 삶의 모습을 결정짓는 것은 환경이 아니라, 우리의 마음이다."

환경이 바뀌면, 인생이 바뀌는 것이 아니라, 환경이

바뀌지 않아도, 마음이 바뀌면, 환경도 따라서 바뀌고, 인생도 바뀌는 것이다. 왜냐하면 환경이 가진 끌어당김의 힘보다, 더 큰 것은 마음의 힘이기 때문이다. 환경이 아무리 정리 정돈이 잘 되어 있고, 좋아도, 별 볼 일 없는 사람이 되어, 인생을 낭비하는 사람들이 우리 주위에 적지 않다는 사실을 우리는 알고 있다.

우리 미래의 삶은 현재의 우리 마음을 반사해 주는 거울에 불과하다. 우리 마음이 현재 풍요롭고, 자유롭다면, 미래 우리의 모습도 또한 그럴 것이다. 하지만 현재 우리 마음이 복잡하고, 어수선하고, 혼란스럽다면, 미래 우리의 삶의 모습도 어김없이 또한 그럴 것이다. 그러므로 우리는 무엇보다 마음을 혁명해야 한다.

마음이 바뀌면, 말이 바뀐다. 마음이 바뀌면 행동이 바뀐다. 마음이 바뀌면 태도가 바뀐다. 마음이 강하면, 우리의 모습도 강한 모습으로 바뀐다. 마음이 넓으면, 우리의 인생도 넓어진다. 마음이 크면, 우리는 큰 인생을 살 수 있다. 마음이 온유하면, 우리의 삶도 그렇게 된다.

우리가 주거하는 집과 환경이 크고 좋다고 우리 인생이 큰 인생이 되고, 좋은 인생을 살 수 있는 것은 절대 아니다.

잘 나가던 직장과 성공에 대한 집착을 끊고, 그러한 욕심을 버리고, 그러한 환경을 떠났을 때, 비로소 인생의 혁명이 시작되었음을 수많은 선배는 경험했다. 우리를 괴롭히고 있는 모든 것들을 끊고, 버리고, 떠났을 때, 비로소 눈에 보이지 않았던 참된 인생의 길이 보이기 시작하는 것임을 이 책은 말하고 있다.

인생의 성공과 부는 그것을 끝까지 붙잡고, 놓지 않는 사람에게 다가오는 것이 아니라, 그것들을 물 흐르듯, 바람 불듯, 끊고, 버리고, 떠날 줄 아는 초연한 사람에게 찾아오는 것이다. 왜냐하면, 돈을 좇아, 직업을 선택한 사람은 절대 부자가 되지 못 하지만, 돈에 대한 집착을 버리고, 자신이 좋아하는 일을 직업으로 선택한 사람은 역설적으로 돈까지 따라 오는 것을 경험하기 때문이다. 그것도 풍요로움과 자유, 평화와 안정, 행복과 건강 등이 모두 함께 말이다.

우리가 마음의 평화를 경험하기 위해 다른 사람이나 물건들이 반드시 변화될 필요는 없다. 그저 우리 마음이 변하면 된다. 그것이 마음 혁명이 가지고 있는 가장 큰 유익함이다. 우리가 행복을 느끼고, 성공적인 삶을 살기 위해서 돈이 많고, 환경이 좋아야만 하는 것은 아니다. 단지 우리 마음에서 혁명이 일어나기만 하면, 그러한 삶이 가능하다.

우리의 현실은 우리 마음의 상태를 반영한 것에 불과하다. 하루 종일 어떤 생각을 마음속으로 하느냐에 따라 그 사람의 모습이 정해진다. 환경을 바꾸면, 인생도 바뀔 수 있다고 생각하는 사람들을 위해, 제임스 앨런의 표현을 빌려서, 반박하자면, "상황이 인간을 만드는 것이 아니라, 인간의 내면이 상황으로 드러나는 것뿐"이라는 사실을 거듭 말하고 싶은 것이다.

"성공과 실패를 가르는 것도, 가난과 부를 가르는 것도, 행복과 불행을 가르는 것도 결국 우리의 마음과 생각이다."

마음 혁명을 통해 우리는 행복한 삶뿐만 아니라, 성공과 부도 거머쥘 수 있다. 성공과 부의 출발점은 마음과 생각이기 때문이다. 성공한 사람들은 이미 마음에서 성공을 향해 나아가도록 프로그래밍 되어 있듯이, 실패하는 사람은 이미 마음에서 실패를 하도록 프로그래밍 되어 있음을 알아야 한다. 이것은 부자와 가난한 사람의 경우 같게 적용된다. 그리고 행복한 사람과 불행한 사람도 그렇다.

세상에서 가장 강력하고 창조적인 에너지를 가지고 있는 것은 바로 우리의 마음이다. 마음으로부터 성공과 실패, 가난과 부, 행복과 불행이 결정 되는 것이다.

이 책을 통해, 마음을 혁명하는 법을 배워서, 불행한 삶에서 행복한 삶으로, 가난한 삶에서 풍요로운 삶으로, 실패의 삶에서 성공의 삶으로 인생을 변화시켜 나갈 수 있을 것이다.

 삶의 모든 집착과 중독을 끊고(斷, 끊을 단), 욕심과 욕망을 버리고(捨, 버릴 사), 껍데기뿐인 거짓 성공과 부의 길에서 떠나는(離, 떠날 리) 단·사·리(斷·捨·離) 마음 혁명(Mind Revolution)을 통해, 행복하고 건강하고 성공적인 인생으로 자신의 인생까지도 혁명하는 참된 개혁자가 될 수 있을 것이다. 그 결과보다 나은 삶을 살 수 있게 될 것이다.

" 가난한 삶에서 풍요로운 삶으로, 실패한 인생에서 성공한 인생으로, 불행한 인생에서
행복한 인생으로 인생을 혁명하는 최고의 방법! 마음 혁명의 세계로 당신을 초대한다. "

어제와 다른 삶을 살고 싶다면, 마음을 열고, 마음을 혁명해 보라. 새로운 세상이 기다리고 있을 것이다.

 우리는 아주 좋은 최신 기종의 노트북과 같은 잠재력을 가지고 태어났지만, 제대로 된 '마음'이라는 소프트웨어가 깔려 있지 않다면 우리는 절대

로 제대로 된, 성공적인 인생을 살아 낼 수 없다. 달구지를 이끄는 것은 소이듯, 우리의 삶을 이끄는 것은 우리의 '마음'이기 때문이다. 처음 구매해서 잘못된 소프트웨어를 설치해서, 제대로 기능하지 못하는 상태처럼, 우리 인생이 엉망이라면, 우리에게 필요한 것은 노트북의 변경이 아니라, 마음이라는 소프트웨어의 재설치, 즉 마음 혁명이 필요한 것이라고 말할 수 있다.

우리 인간은 어떤 동물들보다 더 풍요롭고, 더 자유롭고, 더 평화롭게 살아갈 수 있는 조건을 가지고 있음에도, 동물들보다 더 풍요롭지 못하고, 자유롭지 못하고, 평화롭지 못하게 경쟁 속에서 살아가고 있다. 우리는 그것을 다시 회복해야 하고, 다시 찾아야 한다. 그렇게 하기 위해 필요한 것은 바로 마음 혁명이다.

행복한 인생, 성공적인 인생을 위한 필요조건이다.

단사리 마음 혁명은 한 마디로 행복한 인생과 성공

적인 인생을 위한 필요조건이다. 우리가 행복하게 살기 위해, 그리고 성공적인 인생을 살기 위해 필요한 것은 성공이나 물질이나 명예나 좋은 환경이 아니다. 바로 우리 내면으로부터의 참된 혁명인 마음혁명이다.

우리가 행복한 인생의 조건을 외형적인 것, 우리 외부의 것들인 재산과 명예와 성공 같은 것으로 삼는다면, 절대 우리는 행복해질 수 없다. 왜냐하면 그러한 것들은 유동적이고, 가변적이기 때문이다. 오늘 있다가도 내일은 없어질 수 있기 때문이다. 그러한 것들이 행복의 조건이라고 여기는 사람은 그러한 것들의 노예로 전락 될 수밖에 없다. 하지만 우리가 외형적인 것이 아니라, 우리 내부의 것을 통해 행복의 조건을 삼는다면, 우리는 언제나 변함없이 행복할 수 있다. 그렇다면 우리 내부의 것은 무엇일까? 그것은 바로 우리 마음이다.

우리의 몸도 사실 가변적인 것이다. 사고로 팔다리를 잃어버릴 수도 있고, 실제로 그런 사람들이 적지 않다. 그리고 사고로 인해 몸 전체에 마비가 와서,

제대로 움직이지 못하게 되는 사람도 있다. 이 경우에도 우리는 우리의 마음만은 변함없이 소유하고 있다. 다만 그것을 어떻게 다스리며, 어떤 상태로 유지하느냐에 따라, 그 이후 삶의 모습이 180도 달라질 수 있다.

행복과 성공의 조건을 우리 외부에 두지 않아야 하는 이유가 이것이다. 우리 외부의 것은 언제든 떠나갈 수 있고, 잃어버릴 수 있는 것이다. 엄밀하게 말하면 우리 외부의 것은 처음부터 우리의 소유가 아니다. 잠시 빌려 쓰고 다시 되돌려 주어야 하는 것이다. 돈이 바로 그런 것 중에 대표적인 물건이다. 돈은 절대 우리가 영원히 소유할 수 없다. 아무리 큰 부자라 할지라도 죽을 때는 돈 한 푼 소유할 수 없다. 돈의 참된 주인은 우리가 아니다. 심지어 돈이 우리를 노예처럼 부리면서, 비인간적인 행동을 하게 부추기기도 한다. 우리가 편리하게 살기 위해, 만들어 놓은 돈이 이제는 우리를 얽어매고 있다.

그래서 돈 때문에 사람을 속이고, 돈 때문에 싸우고, 돈 때문에 부부가 이혼하여, 가정이 파탄되고,

돈 때문에 평생지기가 갈라서고, 돈 때문에 전쟁을 일으키고, 돈 때문에 사람을 죽이는 그러한 사회가 되어 버렸다. 이러한 것들은 모두 돈의 주인 된 모습이 아니라, 돈의 노예가 되어 버린 모습이다.

돈 뿐만 아니라, 권력도 마찬가지이다. 그리고 명예도 그렇다. 그리고 성공도 그렇다. 아무리 큰 성공을 하고, 아무리 큰 권력을 가지고, 아무리 좋은 명예를 얻었다 해도, 그렇다고 해서 그것들이 우리를 자동적으로 행복하게, 참된 성공의 길로 인도하지는 않는다.

우리 주위에는 돈이 많고, 성공했음에도, 불행한 인생을 살아 가는 사람들이 적지 않다. 그것은 우리 내부의 마음을 제대로 다스리지 못했기 때문이다. 아무리 돈이 많아도, 그것이 우리 마음속에 있는 모든 집착과 중독을 끊게 해 줄 수는 없다. 아무리 권력이 많아도, 참된 행복의 길인 마음으로부터 욕심과 욕망을 버릴 수 있게 해 줄 수는 없다. 아무리 성공을 했다 해도, 참 된 성공의 길을 그것이 알려 줄 수 는 없다.

이러한 것들을 해 줄 수 있는 유일한 것은 우리가 그토록 차지하기 위해 눈에 독기를 품고, 열심히 아등바등 살아 가면서, 손에 거머쥐고자 하는 돈과 권력과 성공이 아니라, 태어날 때부터 이미 우리 마음에 고이 간직되어 있지만, 잠자고 있는, 우리의 마음이다.

우리가 마음으로 모든 집착과 중독을 끊고(斷), 존재로 사는 삶을 발견하고, 모든 욕심과 욕망과 시기와 질투와 같은 부정적인 것들을 버리고(捨), 거짓된 삶과 성공과 부의 망상으로부터 떠날 수 있다면(離), 우리는 반드시 행복한 삶을 살아 갈 수 있게 될 것이다. 바로 이 책을 통해, 끊고, 버리고, 떠나는 단사리 마음 혁명을 실천해 볼 수 있을 것이다.

 마음 혁명이 가져다주는 삶의 변화들은 부와 성공과 행복 외에도 너무나 많다는 사실을 명심하자.

- 세상을 바라보는 시각이 달라진다.
- 어떠한 실패와 시련에도, 인생이 요동치지 않고, 평상심을 유지 할 수 있다.

- 어떠한 것에도 연연해하지 않고, 웬만한 일에는 눈썹도 끄떡하지 않는 다.
- 참된 해방감을 오래 동안 누릴 수 있다.
- 물질에 치우친 삶에서 벗어나 삶의 균형을 잡을 수 있다.
- 크게 생각하고, 길게 내다보고, 담대한 도전을 하게 해 준다.
- 여유와 재미가 새록새록 다시금 생겨난다.
- 돈과 성공을 위해 일하는 노예 인생에서 벗어난다.
- 마음의 평화와 행복을 찾을 수 있다.
- 어제와 다른 삶을 살아 갈 수 있게 해 준다.
- 가난에서 벗어나 부자로 살 수 있다.
- 실패만 하는 인생에서 벗어나 성공할 수 있다.

자 이제 마음 혁명의 세계로 여행을 떠나 보자.

모든 변화는 마음에서 비롯된다. 환경이 인간을 바꾸는 것이 아니라, 마음이 환경을 바꾼다. 우리가 불행한 이유는 삶이 복잡해서가 아니라, 마음이 복잡하기 때문이다. 인생을 단단하게 만드는 힘은 외부의 조건이 아니라 내부의 질서다.

단사리(斷捨離)는 단순한 정리법이 아니다. 그것은 마음을 새롭게 세우는 혁명적 행위이다. 끊고(斷), 버리고(捨), 떠남(離)으로써 우리는 비로소 진짜 나를 만나게 된다. 이 책은 '비움의 기술'이 아니라 '존재의 회복'에 관한 책이다.

마음의 무게를 내려놓는 순간, 인생은 다시 가벼워지고, 빛은 다시 들어온다. 이제 마음의 혁명을 시작하라. 그것이 당신 인생의 진정한 첫걸음이 될 것이다.

프롤로그: 삶의 혁명은 마음에서부터 시작된다.

제1장. 리(離) 떠나라. _ 단·사·리 (斷·捨·離)
마음 혁명의 세 번째

1부. 익숙함에서 벗어날 때, 인생이 다시 시작된다

- 떠나는 자만이 혼자 사는 즐거움을 맛본다.
- 익숙한 것들과 결별하고 떠나라.
- 거짓 성공과 부의 망상으로부터 떠나라.
- 모든 아픈 과거와 피해 의식의 세계로부터 떠나라.
- 정형화된 사고방식과 삶의 틀 속에서 떠나라

2부. 거짓된 성공으로부터의 이별

- 참된 부는 돈이 많은 것이 아니다.
- 참된 성공은 마음의 크기에 따라 결정된다.
- 거짓된 모든 것과 외형적인 것을 떠날 때, 참된 성공과 부를 만날 수 있다.
- 외형적인 성공과 부에서 떠날 때, 진정으로

감사하는 마음이 생긴다.

3부. 진정한 여행은 마음이 떠나는 일이다

- 떠나라. 그러면 새로운 세상에 닿을 것이다.
- 과거의 내 모습에서 과감하게 떠나라.
- 좁은 우물 안에서 나와 넓은 세상으로 떠나라.
- 진정한 여행은 몸이 떠나는 것이 아니라 마음이 떠나는 것이다.

에필로그: 마음 혁명이 성공과 부와 행복을 가져다준다.

제1장. 離. 떠나라. _ 단·사·리 (斷·捨·離)
마음 혁명의 세 번째

1부. 익숙함에서 벗어날 때, 인생이 다시 시작된다

– 떠나는 자만이 혼자 사는 즐거움을 맛본다.

모든 인생은 혼자 떠나는 여행이라는 말이 있다. 혼자 떠날 수 있을 때 우리는 이 세상에서 당당하게 살아갈 수 있고, 그 어떤 시련이나 외로움과 쓸쓸함을 견뎌 낼 수 있을 뿐만 아니라, 삶의 참된 재미와 즐거움을 누릴 수 있게 된다. 그런 점에서 우리는 지금까지 살아왔던 타인에 의한, 관계 속에서부터 스스로 떠나야 한다. 그것이 우리 자신에게 우리들이 줄 수 있는 가장 큰 즐거움이며 선물이다.

 우리가 삶이 힘든 이유는 남과 더불어 살고자 하기 때문이다. 관계 속에 너무 의존하기 때문이다. 당신이 외롭고 힘들고 쓸쓸하다면 그것은 당신이 떠나지 않았기 때문이며, 떠나는 방법을 몰랐기 때문이며, 떠날 수 없었기 때문이다. 지금 한 창 [혼자 사는 즐거움]이란 책이 유행을 타고 있다. 하지만 진정한 혼자 사는 즐거움을 누릴 수 있는 길은 떠나는 것이다.

 혼자 산다는 것은 싱글이나 독신으로 산다는 의미가 아닌 것처럼, 떠난다는 것은 우리가 실제로 사는 곳을 떠나라는 말은 아니다. 마음의 사슬로부터 떠나야 한다는 것이다. 우리를 구속하고 있고, 우리로 하여금 자신을 발견하지 못 하도록 방해하고 있는 복잡한 관계 속에서부터 떠나야 한다는 것이다. 그러한 떠남 속에 자유함이 있으며, 그러한 자유함은 혼자 사는 즐거움의 요체가 된다.

 살다 보면 문득 인생이 질릴 때가 있다. 무겁고 복잡하고 힘들기 때문이다. 그럴 때는 너무 많은 속박 속에 우리가 살고 있다는 것을 말해주어야 한다. 그럴 때는 더 이상 머물지 말고 떠나야 한다. 모든 관계와 속박 속에서 마음으로부터 떠나야 한다.

자신의 외형적인 인생에서 떠날 수 있을 때, 우리는 내면의 참된 자아를 만날 수 있게 된다. 그런 점에서 우리는 우리의 인생에서 떠나야 한다. 그렇게 하여 우리의 참된 자아로 나아가야 한다. 우리의 참된 자아를 만나게 되면 비로소 혼자 사는 즐거움을 누릴 수 있게 된다.

인생은 완벽하게 혼자 떠나는 여행이라는 말처럼, 우리는 혼자 떠날 수 있을 때 완벽한 인생을 살아갈 수 있게 된다. 혼자 떠날 수 있다는 것은 어떤 것에도 연연하지 않는다는 것이다. 혼자 떠날 수 있다는 것은 외형적인 인생에서, 그리고 그것을 끊임없이 만들어 주는 관계 속에서 떠날 수 있다는 것이다.

이렇게 관계 속에서 떠나 외톨이가 될 때 우리는 비로소 우리 자신을 만날 수 있으며, 우리 자신의 내면에 그동안 존재해 왔지만 복잡한 관계 때문에 미처 발견하지 못 했던 것들을 발견하게 되는 기쁨을 누리게 된다. 바로 그런 과정에서 위대한 위인들은 고독을 통해 자신을 성장시키고 발전시켜 나갔던 것이다.

 볼품없는 외모, 작은 키, 촌티나는 사투리 때문에 외톨이가 된 나폴레옹을 세계적인 정복자로 키운 것도 바로 홀로됨이었고, 낙제 자이며 사고뭉치였던 에디슨을 세계적인 발명왕으로 키운 것도 바로 홀로됨이었다. 이들은 모두 관계를 떠나, 가장 중요한 자신과 자신의 재능을 발견한 인물들이다.

 이러한 사실을 이시형 박사는 자신의 저서인 [40대 남자의 생활혁명 프로젝트]라는 책에서 한 마디로 성공한 사람들은 대개 고독력을 느끼며 사는 사람들이라고 표현한 바 있다. 참고로 고독력은 고독감과 다르다. 고독감이 외로움과 쓸쓸함을 느끼는 소극적이고 수동적인 감정이라면, 고독력은 혼자 사는 즐거움을 느끼는 적극적이고 능동적인 마음의 상태라고 할 수 있다. 이런 점에서 성공한 사람들과 행복하게 살아 가는 사람들은 모두 공통으로 '혼자 사는 즐거움'인 고독력을 가지고 있는 사람들이다. 좀 더 정리하자면, 고독력은 혼자 있을 수 있는 힘이며, 떠날 수 있는 힘인 것이다.

관계 속에서 떠나 혼자 있을 수 있는 고독력을 지닌 사람만이 그만큼 더 강한 사람이 될 수 있고, 그만큼 더 혼자 사는 즐거움, 혼자라는 즐거움을 누릴 수 있고, 맛 볼 수 있는 것이다.

 정신의학과 박사답게 이시형 박사는 정신의학적으로 고독력 지수가 높을수록 큰 인물이 될 수 있다고 말하는데, 그 이유는 창조의 과정엔 고독력이 절대적으로 필요하기 때문이라는 것이다. 위인들이 큰 업적을 성취해 내는 과정을 살펴보면, 이러한 말이 매우 신빙성이 있는 듯하다. 실제로 위인들은 대부분 매우 고독한 삶을 살았던 것으로 알려진다.

 떠나는 자만이 혼자 사는 즐거움을 맛보며, 창조적인 순간을 맛 보게 된다. 자신을 끊임없이 재창조해 나가는 인내의 시기가 바로 떠나는 자만이 누릴 수 있는 달콤한 고통의 순간이기도 하다. 이러한 떠남 없이 자신을 재창조할 수 없음을 우리는 알아야 한다. 관계 속에 머물러 있다는 것은 흐르는 강물에 자신을 내맡기는 것과 다를 바 없다. 흐르는 강물에 자신을 내맡긴 물고기는 자신이 원하는 곳으로 가지 못한다. 강물이 원하는 곳으로 정처 없이 떠내려가야 한다. 그것이 바로 도태되는 삶이고, 타인의 삶인 것이다.

 우리는 타인의 삶으로부터, 도태되는 삶으로부터 뛰어내려야 한다. 그리고 자신의 삶을 발견하기 위해 떠나야 한다. 우리가 떠나야 하고, 떠날 수 있는 것들은 적지 않다. 하나하나 우리가 떠날 때 우리는 상상도 못 한 눈부신 미래를 살아 갈 수 있게 될 것이다.

- 익숙한 것들과 결별하고 떠나라.

세상에는 우리가 절대 무시해서는 안 되는 자연의 법칙들이 존재한다. 그러한 법칙 중에 특히 인간에게 큰 영향을 주면서도 그렇지 않은 것처럼 보이는 법칙이 하나 있다. 바로 '관성의 법칙'이다. 이것은 어떤 물체가 정지해 있으면 계속 정지해 있으려고 하는 힘이다. 동시에 어떤 물체가 나아가고 있다면 계속해서 그 방향으로 그 속도로 나아가려고 하는 힘이다.

인간에게는 이러한 관성의 법칙이 결국 익숙함을 만들고, 습관을 만들게 된다. 왜냐하면 인간의 뇌는 그 무엇보다 게으름을 좋아하는 특성이 있다. 그 결과 익숙한 것들을 좋아한다. 사람도 익숙해져서 부담이 절대 생기지 않는 친구를 더 좋아하지, 낯선 사람을 더 좋아하지는 않는다. 무엇을 해도 익숙해진 것들을 하고, 익숙해진 길을 가고, 익숙해진 방식대로 일을 한다. 밥을 먹어도 늘 먹던 것을 선호하고, TV를 봐도 늘 보던 대로, 그 자세로, 그 방향에서, 그 채널을 그 시간대에 본다. 여가 시간이 주어져도 늘 하던 대로 시간을 보낸다. 어제와 달라지지 않고, 지난주와 달라지지 않고, 지난달과 다르지 않다. 그런 점에서 인간의 삶에도 관성의 법칙이 엄연히 존재하지만, 우리는 그것을 제대로 깨닫지 못하고 있는 것뿐이다.

 하지만 우리는 우리 삶에 이러한 관성의 법칙이 존재하고 있다는 사실도 모른 채, 어제와 다른 삶을 살고, 인생을 바꾸고 싶어 안달하면서도, 우리가 해왔던 익숙한 것들과 결별하고자 노력고 결심도 실천도 하지 않는 다.

 " 만일 당신이 언제나 늘 하던 그대로 행동한다면 당신은 언제나 늘 얻던 것을 얻게 될 것이다."

에이브러햄 링컨의 말이다. 우리는 늘 하던 그대로 행동하면서, 늘 다른 것을 얻고자 헛된 기대를 한다. 그런 점에서 우리는 익숙함의 노예이다. 우리가 익숙함에 물들게 되면, 우리의 재능과 천재성은 서서히 사장되어 버린다. 그래서 자신의 재능과 천재성이 사라지게 되고, 평범해진다. 이것이 우리가 익숙한 것들과 결별하고, 떠나야 하는 이유이다.

 글을 쓰는 작가도 글을 한 번도 써 보지 못했던 이들, 즉 자신의 글쓰기가 익숙해지기 전에 초보자였을 때 쓴 글이 초대형 베스트 셀러가 되는 경우가 있다. 이것은 자신이 그동안 익숙하게 해 왔던 다른 일이 아니라 새롭고 낯선 일에 도전할 때 생기는 본능적인 우리 내면의 천재성이 자신도 모르게 발휘되었기 때문이라고 필자는 생각한다.

 낚시를 처음 배우는 사람의 경우에는 처음에는 낯설고 어색하므로, 대어을 낚게 되는 경우가 있다. 하지만 이제 어느 정도 익숙해지게 되면, 절대 대어를 다시 낚지 못한다. 볼링을 치는 경우에도 이런 현상이 벌어진다.

 필자는 대학교 1학년 때 미팅을 한 적이 있다. 고등학교 때 공부만 했기 때문에, 볼링장에는 한 번도 가본 적도 없고, 배운 적도 없다. 그런데 미팅을 3대 3으로 했는데, 분위기도 좋고 다 좋았는데, 문제가 생긴 것이다. 여자들 측에서 영화보다는 볼링을 치러 가자고 제안하는 것이었다. 친구 중에 볼링을 한 번도 쳐 보지 못한 사람은 나밖에 없는 것 같다. 그렇다고 볼링을 한 번도 안 쳐 봤다고 솔직히 말 하기에는 자존심이 허락하지 않았다. 그래서 일단 볼링을 치러 가자고 말하고, 볼링장에 들어섰다.

볼링공이며, 볼링 신발이며, 볼링장의 레인이며, 볼링 핀이 쓰러지는 소리며 모든 것이 낯설었다. 하지만 볼링을 하는 사람들을 보니까, 저런 식으로 하면 되겠구나 하고 자신감을 얻게 되었다.

처음에는 연습으로 한판하고, 두 번째 판을 남자 대 여자로 게임을 하기로 했다. 다른 친구들은 볼링을 많이 한 듯 해 보였다. 자세도 좋았다. 약간 위축이 들었지만, 용기를 내기로 마음을 다잡았다. 드디어 내 순서다.

스텝은 대충 비슷하게 하고, 공을 던졌다. 3초 후, 소리가 크게 들렸다. 그리고 환호성이 들렸다. 스트라이커였다. 아니 이럴수가! 처음 던진 볼링 공이 스트라이커였다.

이날 나는 점수가 200점이 넘었던 것 같다. 굉장히 높은 점수를 획득했다는 기억만은 확실히 있지만, 사실 점수가 몇 점인지를 구체적으로 생각할 수는 없었다. 중요한 사실은 그 이후부터 아무리 볼링을 정식으로 배우고, 연습하고, 열심히 하더라도 그때 그 점수 이상으로 나오지 않는다는 것이었다.

바로 이것이 '초보자의 행운(Beginner's luck)'이었던 것이다. 도박판에서도 많이 했던 사람들보다 완전 초보자가 돈을 따는 경우가 있다. 그래서 '초보자에게는 운이 따른다'는 말이 있는 것이다. 운동 경기 방식이나 규칙은 물론 한 번도 해 보지 못했던 사람들이 운동 경기 결과에 대해 돈내기를 하였을 때, 돈을 따게 되는 것을 경험하거나 본 적이 있는가? 경마장에 처음 갔을 때, 친구 중에 처음 간 친구들은 모두 돈을 땄고, 자주 경마장에 온 베테랑들은 모두 돈을 잃었던 적이 있다. 정석도 모르고 마구잡이식으로 용감하게 일단 돌진했는데 돈을 따게 되었던 것이다.

이렇게 초보자들이 경기에서 좋은 점수를 내고, 내

기에서 이기고, 돈을 따는 현상에 대해
[행운의 비밀]이란 책의 저자인 랜덜 피츠제럴드는 직관의 힘이 작용했기 때문이라고 말한다. 하지만 필자는 이러한 현상의 원인은 바로 익숙한 것들에서 벗어나, 새롭고 낯설고 어색한 것을 처음으로 하기 때문이라고 말하고 싶다. 그렇게 어색하고 낯설고 처음 하는 것이기 때문에, 우리 내면에 숨겨진 천재성이 잠에서 깨어나 활동을 시작하게 되는 것이고, 그러한 천재성의 활동을 통해 우리는 전문가들보다 더 좋은 성적을 얻게 되고, 더 좋은 예측을 하게 되는 것이다.

 그런 점에서 익숙한 것들과 결별하고 떠나는 행동이 우리 삶에 반드시 필요하다고 말 할 수 있다. 익숙한 것들만 하다 보면, 우리의 뇌는 절대 그 이상으로 가동하지 않는 다. 게으르기 때문이다. 가장 경제적인 방식으로 효율적으로 일을 하는 것을 우리의 뇌는 가장 선호하기 때문이다. 이런 게으른 뇌를 깨워서, 자원의 100%를 다 사용하게 하기 위해서는 낯설고 어색한 것을 매일 시도하는 삶을 살아야 한다.

우리가 빨리 늙고 삶에 재미가 없는 이유 중 하나가 매일 똑같은 날을 보내기 때문이다. 날마다 어제와 다른 삶을 살고, 변화를 주는 사람은 빨리 늙지 않고, 삶에도 재미가 있다. 그렇기 때문에 우리는 익숙한 것들과 결별하고 그것을 떠나야 한다.

- 거짓 성공과 부의 망상으로부터 떠나라.

대한민국 사람이라면 이름만 대도 다 아는 회사! 그것이 바로 내가 십 년 이상 다녔던 곳이다. 그 회사에 입사하고, 1년도 채 안 되어, 나는 파란 피(삼성맨들이 자신의 몸과 마음과 영혼이 모두 삼성맨이 되었다는 사실을 암시하는 말, 삼성 마크가 파란색이기 때문)가 흐르는 사람이 되어, 삼성에 충성했고, 그 보답으로 삼성은 나에게 돈과 직위를 주었다.

이렇게 우리는 서로 상생하는 관계였다. 아니 처음에는 상생의 관계라고 생각을 했지만, 그것은 큰 착각이었다. 하지만 이런 잘못된 생각으로 인해 한 동안은 뿌듯했다. 그리고 좋았다. 마치 호랑이를 등 뒤에 두고서, 호령하는 듯, 나는 호가호위하며 기분 좋게 살았다. 처음 5년 정도는 정말 좋았다. 결혼하기 전이라서, 더욱더 좋았던 것 같았다. 인생! 미래! 뭐 이런 것에 신경 쓸 필요가 없었다. 회사에 잘 다니고 있는 그 자체가 성공한 것과 다를 바 없었기 때문이다.

하지만 이러한 생각들이 세월이 흐르면 흐를수록 사라져 갔다. 뭔가 모르게, 회사는 자꾸 나를 억압하고 착취하고 부려 먹는 것만 같았다. 자꾸 착취당하는 것과 같은 생각이 들었기 때문이다. 한 편으로는 내 영혼은 점점 더 허전해지고 있었다. 돈을 잘 벌고, 직위가 높아지면, 정말 괜찮은 삶일까? 정말 이것이 참된 삶일까? 내가 회사에서 앞으로 십 년 더 버틴다면, 내게 남는 것은 무엇일까? 돈? 명예? 직위?

그 순간 나는 생각했다.

"내가 만약 행복을 느낄 수 없다면, 이러한 것들이 무슨 소용이 있을까? "

아무리 당근이 맛있다 해도, 그것은 당근일 뿐, 내 삶, 그 자체가 될 수는 없다는 사실을 조금씩 깨닫기 시작했다. 그것을 깨닫기 시작한 결정적인 계기가 되는 사건이 비로소 발생했다.

그것은 어처구니없게도, 갓 들어온 신입사원의 무

심코 던진 질문에서 비롯되었다.

" 팀장님, 안녕하세요. 신입사원 박건우입니다. 신입사원 환영회식에서 춤으로 인사를 대신 했던 그 사원입니다. "

"오! 그래요! 생각납니다. 회사 생활은 어때요? "

" 아직은 좀 얼떨떨하지만, 곧 익숙하게 될 것 같습니다. 저도 열심히 해서 팀장이 꼭 되고 싶습니다."

" 하하하. 건우씨는 꼭 될 수 있을 것입니다. "

" 팀장님, 그런데 십 년 정도 회사 생활 하신 것 맞죠? 그렇게 하셨다면, 뭔가 대단한 것을 이룩해 놓으셨겠네요? 그게 뭔가요?"

" 음!!! 그냥 열심히 하루하루 회사 생활을 했죠. 그래서 직위가 높아 진 것 말고는 아무것도 없어요."

 짧은 신입사원과의 대화였다. 하지만 나는 마치 망치로 뒤통수를 세게 얻어 맞은 듯 했다. 균형조차 잡을 수가 없어서, 그 자리에 혼자 몇 분 동안 서 있게 되었다.

나는 회사에 영혼을 팔았다. 나의 꿈, 나의 열정, 나의 비전, 나의 인생을 조금씩 회사에 반납하면서, 조금씩 나를 잃어버리게 되었다는 것을 알게 되었다.

 회사에 취직하면서, 아침 7시부터 저녁 10시까지 회사에서 살아야 한다. 그 곳은 개인의 꿈도, 개인의 색깔도, 개인의 열정도, 개인의 비전도, 개인의 인생도 없는 곳이다. 오직 회사의 꿈과 회사의 색깔과 회사의 열정과 회사의 미래와 회사의 비전만 있는 곳이었다. 그 곳에서 우리는 점점 더 회사의 부속품이 되어 가고 있었다.

 지금까지 나의 회사 생활을 제삼자의 관점에서 살펴보면 이것이다.

월급을 받기 위해, 나는 매일 회사에 출근해야 한다. 그리고 회사가 시키는 일을 해야 한다. 그리고 회사가 원하는 스펙을 갖추어나가야 한다. 회사에서 주는 월급을 계속 받고, 승진을 하기 위해서는 회사에 나의 시간을 팔아야 한다. 회사가 재미가 있든, 없든, 내 꿈과 내 인생과 상관이 있든 없든 회사에 나가 의무적으로 회사가 시키는 일을 해야 한다. 그것이 바로 회사이다. 그렇다면 노예와 다를 바가 없다. 우리가 회사에 나가 주어진 시간에 주어진 일을 해 줌으로써, 회사는 우리가 굶어 죽지 않고, 삶을 영위해 나갈 수 있을 정도의 돈을 제공해 준다.

 마치 과거에 노예들이 열심히 주인을 위해 일하면, 주인은 노예들이 굶어 죽지 않을 만큼의 식량을 준 것처럼 말이다.

 승진을 하면 할수록, 우리는 더욱더 충성해야 하고, 더욱 더 회사가 시키는 일을 해야 한다. 그렇게 해서 평생을 회사 생활을 하고, 계속 승진했다고 하자. 그렇게 했을 때, 내게 무엇이 남을 까?

돈과 명예, 높은 직위, 화려한 경력, 타인의 부러움, 명성!

이런 것들로 가득 차게 된다면, 과연 내 인생은 행복한 인생, 성공한 인생이라고 할 수 있을까? 자기 자신이라고 내세울 수 있는 나의 향기와 색깔은 무미건조하게 될 만큼 사라졌는데도 말이다.

나는 결심했다. 자신을 찾기 위해, 더 이상 빈 껍데기로 살지 않기 위해서, 회사를 그만두기를 결심했다. 그리고 모든 것을 포기하고, 내 인생을 한 번 살아 보기로 마음을 먹었다.

먼저 분위기를 쇄신하기 위해, 이사부터 했다. 경기도 분당에서 부산의 금정산자락 아래에 위치한 작은 마을로 이사를 했다. 그리고 금정산 자락에 있는 도서관으로 매일 출근을 했다.

처음에는 아내가 무척 반대를 했다. 회사를 왜 그만두었냐는 것이다. 그리고 왜 다른 회사에 취직을 하지 않느냐 하는 것이다. 그 정도 스펙(?)이면 다른 중소기업에 취직하는 것은 문제도 아닌 데, 왜 안 하느냐 하는 것이었다.

 무엇을 하든, 물 흐르듯 그렇게 되는 것은 이 세상에 아무것도 없다는 사실도 알게 되었다. 살아 있는 물고기는 반드시 물살을 거슬러 올라 가야 하듯, 비행기가 이륙하기 위해서는 바람을 가로질러야 하듯, 그래야 비행기가 날 수 있듯이, 내게도 그러한 때가 비로소 시작 되었다.

 비행기가 이륙할 때, 바람은 언제나 힘든 상대이다. 특히 공기가 그렇다. 하지만 비행기가 이륙하기 위해서는 반드시 공기가 또한 있어야 한다. 역풍을 만들어 주어야 하기 때문이다. 내게도 아내의 잔소리, 현실에 걸린 크고 작은 문제들은 바로 그러한 것들이었다. 하지만 그러한 것들이 없다면, 내 인생도 뜨지 않는 비행기와 다를 바 없다는 것을 깨닫게 되었다. 현실의 저항이 거세면 거셀수록 나라는 비행기가 이륙하고자 힘차게 달리고 있다는 사실을 알게 되었다.
지금 내게 내 아내의 잔소리와 투정, 그리고 세상의

시선은 모두 바람이었다.

 그 바람 중에서도 가장 큰 바람은 역시 생계였다. 다행히 퇴직금이 적지 않았기 때문에, 3년은 충분히 버틸 수가 있었다. 하지만 집안에 돈을 버는 사람이 있는 것과 없는 것은 큰 차이가 있었다. 무엇보다 심적 부담도 역시 무시할 수 없었다. 이 모든 것은 바람이었다.

 와타나베 쇼이치는 자신의 저서 [지적 생활의 발견]에서 글을 읽거나 쓰는 생활을 하기 위해서는 무엇보다 경제적인 독립이 가장 중요하다는 사실을 말했던 것이 기억났다.

" 가족의 생계를 책임진다는 것이 남자에게 얼마나 무거운 짐이 되는가 이에 대한 각오와 계획이 없다면 지적 생활은 중대한 위기를 맞을 수밖에 없다."

 가장 큰 바람은 가족의 생계를 책임져야 한다는 짐이었다. 하지만 위기는 곧 기회이며, 위기가 클수록 기회도 크다는 사실을 깨닫게 되었다. 안정은 실패의 또 다른 이름일 수 있다는 사실을 되새기며, 마음을 다잡고, 눈앞의 현실보다는 좀 더 먼 미래를 내다보고자 노력 했다.

 나는 책을 읽으면서, 삶의 길을 발견하고, 나의 인생을 발견했다. 나는 책을 읽을 때 기분이 좋아진다. 웃을 때고 있고, 키득 키득거릴 때도 있다. 때로는 깊이 감동하기도 하고, 깊은 깨달음을 얻기도 한다. 하지만 책을 읽을 때는 그것이 전부이다. 하지만 글을 쓸 때는 그것보다 수십 배는 더 강렬한 무엇인가를 느낀다. 나는 이것을 마치 피시방에서 게임에 빠져서, 밥도 먹지 않고, 물도 마시지 않고, 48시간 동안 게임에 몰두하다가 죽어 버렸다는 사람에 비유한다. 내가 글을 쓸 때는 정말 이런 사람과 똑같이 되기 때문이다. 아무것도 보이지 않고, 아무것도 느낄 수 없다. 오직 글쓰기에 중독된 나 자신을 발견하기 때문이다.

 그런데 그것이 무의미한 회사 생활을 십 년이고 백 년이고 하는 것보다, 단 하루라도 내 삶의 주인이 되어, 살아가는 것이 참 된 인생이라는 것을 발견했다는 사실에 나는 전율을 느낀다.

행복이 과연 무엇일까? 행복에 대한 책은 모조리 읽어 버리고, 그것도 부족해서 서너 번씩 되풀이해서 읽어 버린 나에게, 이론적으로 행복에 대해 논하라고 누가 요청한다면 기꺼이 그렇게 해 줄 수 있다. 하지만 분명한 사실은 나는 글을 쓸 때, 이 세상에서 그 누구보다 부자가 된 느낌이다. 이 세상을 나의 노트북에 다 집어넣어, 온 세상을 다 가진 듯한 기분을 느낀다. 그리고 나는 사라져 버린다. 다만 글 쓰는 누군가가 있을 뿐이다.

이토록 강렬한 희열을 느끼게 하는 것이 내게는 이것이다. 그렇다면 내가 어떻게 아침부터 저녁까지 회사 책상에 앉아서, 월급을 받기 위해, 하기 싫은 일을 할 수 있겠는가?

학교 다니고, 회사 다니면 다닐수록, 거짓된 성공과 부의 허상을 좇아가게 된다. 학교가 가르치는 것이, 회사가 우리를 이끄는 것이 그것이기 때문이다.

하지만 그러한 거짓된 허상에서 떠날 때, 비로소 아무도 가르쳐 줄 수 없는 그러한 성공과 행복을 발견할 수 있다.

성공이 과연 무엇일까? 행복이 과연 무엇일까? 부가 과연 무엇일까?

나는 그것을 학교나 직장에서 발견할 수 없다고 생각한다. 적어도 그러한 것들은 자신의 내면에 숨겨져 있다. 그래서 그것을 발견하고자 한다면, 반드시 자신을 먼저 발견해야 한다고 생각한다. 그리고 자신이 가장 좋아하는 일이 무엇인지, 자신이 가장 희열을 느끼는 것이 무엇인지 발견할 때, 비로소 참된 성공과 참된 부와 참된 행복의 문을 열어젖힐 수 있게 될 것이다.

분명하게 말할 수 있는 한 가지 사실은 '참된 행복과 성공과 부는 자신이 가장 좋아하는 일을 발견하고, 그 일을 할 때, 비로소 발견할 수 있다' 라는 사실이다. 그리고 그렇게 살아가기 위해 가장 먼저 선행되어야 할 일은 그렇게 하지 못 하도록 막는 거짓 성공과 부에 대한 망상에서부터 탈출하는 것이었다.

정말 부요한 것은 돈을 쌓는 삶이 아니라, 아름다운 추억을 쌓아 갈 수 있는 삶이 아닐까? 나는 오늘도 그러한 삶을 살아간다. 만약에 지금까지 회사를 다녔다면, 은행 잔고는 많아지겠지만, 정작 시간을 회사에 팔았기 때문에, 가족과 아름다운 추억을 만들 수 없었을 것이다. 회사에 매인 노예와 다를 바 없는 삶이기 때문이다.

이러한 세속적인 잣대가 아니더라도, 단 하루를 살아도 내가 정말 하고 싶었던 일이 무엇인지 발견하고, 그것을 매일 하면서 살 수 있다는 이 자체만 해도, 가장 성공한 삶이며, 가장 부요한 삶일 것이다. 거짓 성공과 부에 대한 망상에서 비로소 벗어날 수 있을 때, 참 된 성공과 부가 무엇인지 알 수 있게 되었다.

우리는 살아 보면, 본능적으로 알게 된다. 이러한 삶이 정말 자기가 원했던 삶인지, 아닌지를 말이다.

조금이라도 " 어! 이게 아닌데!" 라고 생각이 들면, 과감하게 뛰쳐나와야 한다. 그렇게 뛰쳐나와야, 진정으로 자신이 원하는 삶을 살게 될 기회가 생기기 때문이다. 자신이 원한 삶이 아니라는 사실을 직감하고도, 계속 참으면서 그곳에서 버티고 살아 가는 삶은 거짓된 성공과 헛된 망상에서 벗어나지 못하고 있는 삶과 다름없다. 그 사람은 영원히 자신이 원하는 삶을 살 수 없게 된다.

" 단 하루를 살아도 자신이 진정으로 하고 싶은 일을 하면서 살아 보라. 그것이 얼마나 중요한 것인가를 알게 될 것이다. 그러한 삶 속에 참 된 행복과 기쁨이 숨어 있기 때문이다. "

회사 생활이 더 이상 기쁨도, 희망도, 비전도, 꿈도, 인생도 주지 못한다면, 자신의 인생을 찾아 떠나야 한다. 내가 회사에 계속 남아 있었다면, 나 역시 '조용한 절망의 삶을 살'고 있을 것이다. 지금도, 하지만 나는 분명히 말할 수 있다.

" 그래, 바로 이것이야. 이것이 진짜 내가 원한 삶

이야! 야호!"

이렇게 말할 수 있는 당신의 삶을 찾아 지금 당장 떠나라. 그곳에 참된 행복과 성공이 있기 때문이다.

갑자기 다른 사람들은 행복과 성공을 발견했을까? 라는 의문이 물밀듯 몰려왔다. 그것이 궁금해졌다.

과연 우리나라 사람들은 행복한 것일까? 행복하다면 얼마나 행복한 것일까? 과거 못 살던 시절, UN으로부터 원조를 받으며 살았던 그 시절보다, 지금 UN에 원조해 줄 만큼 풍요롭고, 엄청나게 빠른 경제 성장을 이룩한 지금, 이 시절이 더 행복할까?

안타깝게도, 그리고 불행하게도 그렇지 않다는 것이 우리가 직면한 우리의 현실이라는 사실을 알게 되었다. 우리나라는 외형적인 부와 거짓 성공의 망상에 너무 심하게 사로 잡혀 있는 나라라는 사실을 알게 되었다. 그 결과 물질적으로 풍요하고, 잘살고 있지만, 그럼에도 너무나 불쌍한 삶을 살아가고 있는 나라 중에 하나라는 사실에 마음이 무척 아팠

다.

 우리 주위의 사람들을 보면, 한 마디도 너무나도 바쁘게 살아 가고 있다. 친구나 친척, 부모님께 전화 한 통화 할 시간조차 없을 정도로 그렇게도 바쁘게 살아 가고 있다는 사실을 깨닫게 되었다. 그것이 모두 외형적인 성공과 부의 망상을 쫓아서, 조금이라도 더 잘 살기 위해서 그런 것임을 누가 모를까? 하지만 그것은 좀 더 잘 사는 길이 아니라, 좀 더 자신을 불행하게 만드는 길이라는 사실을 우리는 알아야 할 것 같다.

 2009년 영국 신경제재단NEF의 국가별 행복 지수 HPI 조사에서 우리나라는 68위라는 평가를 받았다. 생각해 보라. 이 수치가 왜 충격으로 우리에게 다가오는 것일까? 왜냐하면, 이 조사에서 가장 비극적인 전쟁을 치르고 있는 나라였던 스리랑카의 국민들의 행복 지수가 22위였기 때문이다. 그리고, 자유가 허락되지 않는 독재국가인 미얀마의 국민들의 행복 지수가 우리나라 국민보다 더 나은 39위라는 점을 알고 있는가? 그렇다면 우리 나라는 이런 나라들보다도 더 불행한 나라라는 충격적인 결과를 인정해야 한다. 이 조사 결과를 도저히 믿을 수 없다고 인정하지 않으려고 하는 사람도 있을 것이다. 그렇다면 다른 조사 결과를 제시 해 보겠다.

2010년 미국 경제주간지 <포브스> 지가 세계적인 조사 기관인 갤럽에 의뢰해서 이와 비슷한 조사를 한 적이 있다. 그런데, 그 조사 결과에서도 우리나라 국민의 행복 수준은 세계 최하위 수준이라는 것이다. 즉 우리나라 국민의 행복 수준은 세계에서 56위 정도로 나타났다. 이 정도면 좋아 진 것일까? 절대 아니다. 세계에서 가장 못 사는 나라 니카라과의 국민들의 행복 수준이 52위로 평가되었다. 그리고 내전을 치르고 있는 나라인 코소보의 국민들의 행복 지수가 우리나라 국민보다 더 나은 54위로 조사 되었다. 이제 우리나라 사람들이 돈만 많은 세상에서 가장 불행한 사람에 포함된다는 사실을 받아들여야 한다.

우리가 인정해야 할 불편한 진실은, 우리나라는 세계에서 가장 못 사는 최빈국보다도, 그리고 전쟁을 한창 치르고 있는 나라들의 국민보다도 더 행복하지 못한 사람들이라는 사실이다. 우리는 겨우 이런 삶을 살기 위해, OECD 국가 중에서 최장의 근로시간을 가진 나라가 되어, 일만 하는 국민이 된 것이다. 일의 노예가 되었고, 돈의 노예가 된 삶이 바로 한국 사회의 모습이다.

그렇다면 과연 그 이유는 무엇일까?

국민의 생활이나 환경을 보면, 분명 살기 좋은 나라라고 할 수 있을 것이다. 하지만 문제는 실제로 살고 있는 국민이 자살을 가장 많이 하고, 이혼을 세계에서 가장 많이 하고, 청소년들조차도 자살을 가장 많이 한다는 것이다. 행복하지 못 하기 때문이다. 왜 행복하지 못할까? 돈은 많아졌고, 외형적인 성공도 이전보다 더 많이 하는 데도 말이다.

과연 왜 그럴까? 우리 민족만의 불행 유전자가 특별하게 있기 때문일까? 우리가 그렇게 못 살던 70년대와 80년대는 오히려 이웃끼리, 정답게, 행복하게 살았는데, 우리가 잘살게 된 지금은 왜 그렇게 이웃끼리 잘 살지 못하고, 왜 그렇게 불행하게 살아가고 있는 것일까?

그것의 근본적인 원인에 대해 행복과학계의 찰스 다윈이라고 불리는 미국 일리노이대 에드 디너 교수는 몇 달 전 한국을 방문하여, 다음과 같이 한국 사회의 근본적인 문제와 상황에 대해 진단을 한 바 있다.

" 한국은 지나치게 물질 중심적이고, 사회적 관계의 질이 낮다. 이는 한국의 낮은 행복도와 밀접하게 관련된다. 특히 물질중심주의적 가치관은 최빈국인 짐바브웨보다 심하다."

그는 한국인들이 돈 버는 데 신경을 너무 쓰기 때문에, 가족 관계나 개인의 취미로부터 얻을 수 있는 행복을 등한시 하고 있는 점을 정확히 꼬집었다. 우리 한국 사람들은 과거 너무나 못 살았던 적이 있었기 때문에, 돈만 있으면 행복해질 것이라는 생각이 매우 만연해 있고, 그 결과 부자가 되는 것이 인생에서 가장 큰 성공이고, 가장 좋은 것이라고 여긴다는 것이다.

한 마디로, 몸과 마음, 직장과 가정의 균형을 잡지 못하고, 오직 외형적인 성공과 부와 같은 물질에만 치우친 삶을 살고 있기 때문이라는 것이다. 우리는 외형적인 거짓 성공과 거짓 부에 대해 제대로 알아야 한다. 그래야 그러한 함정에 걸려들지 않기 때문이다.

가장 행복한 삶은 균형을 잡는 삶이라고 할 수 있다. 그러한 균형을 잡기 위해, 우리는 마음 혁명이 필요한 것이다. 우리나라와 같이 물질에 치우친 사회에서는 더욱 더 마음 혁명이 필요하다.

우리 모두는 성공하고 싶어 한다. 그리고 또한 부자가 되고 싶어 한다. 이것을 부인하는 사람도 있을 수는 있지만, 그렇게 많지는 않을 것이다. 즉 거의 대 부분의 사람들은 성공하고 부자가 되기 위해 오늘도 뛰고, 내일도 뛸 것이다. 그리고 어제도 뛰었다. 그리고 이런 대열에서 이탈된 자들은 아마도 정년퇴직한 사람들이거나, 이런 대열에서 퇴출당한 실업자이거나, 좌절을 맛 본 사회적 낙오자들일 것이다. 우리 모두는 이러한 대열에 스스로 합류하여, 좀 더 부자가 되기 위해, 좀 더 성공하기 위해, 좀 더 좋은 집을 사기 위해, 좀 더 좋은 차를 사기 위해, 어제도 달리고, 오늘도 달리고, 내일도 달릴 것이다.

그렇다면 출세하고, 성공하고, 부자가 되면 과연 좋은 인생, 가치 있는 인생, 의미 있는 인생을 살았다고 말 할 수 있는 것일까? 부자들은 무조건 행복할까? 출세하면 무조건 행복을 누릴 수 있을까? 라는 질문에 대해 다른 각도로 살펴 보자.

우리는 스스로 자문해 봐야 할 필요성을 느껴야 한다. 어떤 이정표도 없이 내달리는 삶은 매우 위험하기 때문이다. 남들이 다 진학하고 남들이 다 취업하고, 남들이 다 달리기 때문에, 자신도 그렇게 한다고 하는 사람들은 정말 위험하기 그지없다. 작은 풍랑만 일어도 그 인생은 심하게 요동칠 것이 뻔하기 때문이다. 뿌리가 깊게 박히지 않은 인생을 아슬아슬하게 살고 있는 것이나 다름없다. 그래서 20대 자살률이 최고이고, OECD 국가 중 자살률이 1위인 국가가 우리나라가 아닐까?

우리는 무엇 때문에, 그렇게 바쁘게 살아가고 있는 것일까? 우리는 무엇 때문에 가족을 희생시키며, 우리를 키우기 위해 그렇게 고생을 하신 노부모님을 희생시키며, 평생지기 친구들을 희생시키며, 자신의 건강과 정서를 모두 희생시키며, 그렇게 달려가고 있는 것일까?

그것은 바로 거짓 성공과 부의 망상 때문이다. 거짓 성공과 부의 망상에 우리는 사로 잡혀 있다. 그래서 성공하고, 부자가 되면, 모든 것이 좋아 질 것이고, 무조건 지금보다 훨씬 더 행복해 질 것이라고 착각하기 때문이다. 하지만 아무리 성공하고, 아무리 부자가 된다 해도, 지금보다 더 행복해질 것이라고 절대 보장해 주는 것은 아무것도 없다는 사실을 우리는 명심해야 한다.

단사리 마음혁명의 세 번째 단계는 바로 이러한 거짓된 부와 성공의 망상에서 자신을 놓아주는 것이다. 이러한 것에서 자신의 마음이 떠나는 것이다. 그로 인해 우리는 성공과 출세와 부의 노예에서 벗어나, 자유 할 수 있다. 그로 인해 우리는 세상을 새롭게 바라 볼 수 있는 힘을 가지게 된다.

 세상 사람들은 돈을 많이 벌고, 높은 직위에 오르고, 자기 사업의 매출이 100억이 넘고, 수입이 10억이 넘으면, 성공했다고 기준을 세워 놓는다. 그 기준에는 대기업에서는 임원이 되는 것이고, 군대에서는 장성이 되는 것이고, 정계에서는 국회 위원이 되는 것이라고 말하는 이도 있다. 물론 그 기준은 사람마다 조금씩 차이가 있겠지만, 우리 모두 저마다 세운 그 기준을 달성하기 위해 오늘도, 어제도, 내일도 달린다. 옆도, 주위도 둘러보지 않고, 한 눈 팔지 않고, 달리고 또 달린다.

 하지만 이것은 외형적인 성공이며, 거짓 성공이라고 말할 수 있다. 왜냐하면 참 된 성공은 우리에게 크나큰 마음의 평화와 기쁨과 즐거움과 주위 사람과의 끈끈한 유대 관계와 타인과 사회에 대한 공헌과 봉사가 포함되어 있어야 한다고 생각 하기 때문이다. 거짓 성공과 부는 바로 이러한 것이 빠져 있기때문에, 거짓 성공이라고 말 할 수 있는 것이다.

참 된 성공에 대해 미국의 유명한 철학자인 랄프 왈도 에머슨은 다음과 같은 말을 했다.

" 자주 많이 웃는 것,
지혜로운 사람들의 존경을 받고 자라나는 아이들의 사랑을 받는 것,
정직한 비평가의 인정을 받고 그릇된 친구의 모함을 참아내는 것,
아름다움을 찬양하고 다른 이들의 장점을 발견하는 것,
건강한 아이를 낳든, 한 뼘의 정원을 가꾸든, 사회의 개선을 위해
작은 기여를 하든, 세상을 조금이나마 더 살기 좋은 곳으로 만들어 놓고 떠나는 것,

자신이 이 세상에 살았다는 이유로 단 한 사람의 인생이라도 조금 더 행복해지는 것,

이것이 성공이다."

이렇게 성공을 외형적인 부와 직위와 결부시키지 않고 정의 하는 것이 그가 철학자이기 때문에 가능하다고 이해하는 사람도 있을 수 있다. 그렇다면 현재 경영학 박사로 누구보다 경제에 밝은 사람으로 [좋은 기업을 넘어 위대한 기업으로(Good to Great)] 라는 명저를 쓴 짐 콜린스는 성공에 대해 과연 어떤 정의를 했을까?

그는 다음과 같이 정의 했다.

" 성공이란 세월이 흘러갈수록 가족과 주변 사람들이 나를 점점 더 좋아하는 것이다. "

이렇게 우리가 생각하는 그런 외형적인 성공이 아닌, 성공을 성공이라고 정의하는 사람에는 워렌 버핏도 포함되어 있다. 그는 자신에게 가르침을 받기 위해 찾아온 대학생들의 성공의 정의에 대한 질문에 다음과 같이 대답했다.

" 성공이란 사랑 받고 싶었던 사람들에게 사랑을

받는 것이다."

그의 이 말은 즉흥적으로 내뱉은 의미 없는 말이 결코 아니다. 반세기 동안 성공과 행복에 대해 연구를 해온 하버드 대학의 행복연구팀은 행복하고 건강한 삶의 비밀에 대해 다음과 같은 멋진 결론을 내렸다.

" 삶에서 가장 중요한 것은 서로 사랑하고 사랑받을 수 있는 인간관계이며, 행복은 결국 사랑이다."

이것은 하버드에서 하버드 대학교의 졸업생을 대상으로 1930년대부터 연구를 시작한 것으로, "과연 세계 최고의 대학인 하버드 대학을 졸업하는 학생들은 행복할까?" " 행복에도 일정한 조건과 법칙이 있을까?" " 좋은 대학을 나오고, 좋은 회사에 취직이 되고, 많은 돈을 벌 수 있다면, 그것으로 과연 행복하고 건강한 삶이라고 할 수 있을까?" 라는 행복과 건강한 삶에 대한 질문을 토대로 하여, 연구를 해 왔다.

연구 대상자 중에서 미국 상원의원이 4명이나 있었고, 그중에는 대통령도 있었다. 그리고 무엇보다 나머지 졸업생들도 대부분 그들의 화려한 배경과 능력을 통해, 매우 행복한 삶을 누렸을 것 같았다. 하지만 연구 결과는 전혀 달랐다. 세계 최고의 대학을 다닌 하버드 졸업생들을 대상으로 한 연구에서 연구 대상자 중에 3분의 1이나 되는 사람이 정신질환으로 고통을 겪었다.

지금도 계속되고 있는 '행복과 건강한 삶에 대한 법칙은 무엇인가'에 대한 중간 연구 결과, 행복의 조건은 재력이나 학벌, 명예가 아니라, 47세 이전에 형성된 '끈끈한 인간관계'와 '사랑'이었다. 다시 말해 참된 성공과 행복은 우리 주위에 늘 우리를 사랑하고 존경하는 이들로 차고 넘치고, 그 가운데 사랑이 넘치는 것이라고 할 수 있다.

우리가 거짓 성공과 부의 망상으로부터 떠나야 하는 이유는 참 된 성공과 참된 부, 그리고 참된 행복과 건강한 삶에 이르기 위해서이다. 거짓 성공과 부에 매여 있게 되면, 절대로 참된 성공과 부를 만날 수 없기 때문이다.

우리의 삶에 변화를 일으키는 가장 중요한 요소는 목표를 바꾸는 것이다. 우리의 눈이 거짓 성공과 부에만 가 있다면, 우리는 결코 삶을 변화시킬 수 없지만, 우리의 눈을 참된 성공과 부로 돌린다면, 우리의 삶은 변화 될 수 있다.

더 이상 거짓 성공과 부의 망상에서 헤매지 말아야 한다. 그곳에는 마음의 평화와 기쁨과 즐거움이 없다. 이웃이 없고, 친구가 없고, 가족이 없다. 터놓고 말을 나누며, 함께 식사할 이웃이 없는 성공을 어찌 성공이라 할 수 있겠는가? 함께 기뻐해 주고, 함께 즐거워해 줄 친구와 가족이 없는 성공을 어찌 성공이라 할 수 있겠는가? 아무도 좋아해 주지 않고, 아무도 존경하지 않는다면, 그 많은 돈과 그 높은 직위가 무슨 소용이 있겠는가?

참된 부는 돈이 많은 것이 아니라, 우리 마음이 풍요로운 것이다. 그래서 참된 부는 우리 마음부터 시작된다는 것을 명심하자. 그렇다고 마음에서부터 부에 대한 집착을 가지라는 말은 절대 아니다. 부에 대한 집착과 마음으로부터 풍요로운 것은 전혀 다른 것이다. 부에 대해 집착하는 마음은 부가 주인이고, 부가 모든 것을 해결해 주는 해결자이기 때문에, 우리가 부에 종속되는 관계가 필연적으로 형성된다. 부에 의해 우리의 기쁨과 즐거움과 행복이 고스란히 결정되는 것이다. 하지만 마음으로부터 풍요로운 것은 물질이나 부가 있든, 없든 그것에 영향을 받지 않는 관계가 형성되고, 우리 마음이 주인이 되고, 물질이나 부는 있어도 그만, 없어도 그만인 그러한 하찮은 존재가 되는 것이다. 그로 인해 우리는 부나 물질로부터 자유 할 수 있으면서도, 참된 부를 누릴 수 있게 된다.

 돈이 많은 사람 중에도 가난하게 사는 사람들이 의외로 많다. 그런 사람들은 아무리 돈이 많아도, 참된 부요함을 누리지 못한다. 참된 부요함은 마음으로부터 시작되기 때문이다. 돈만 많으면, 부자라는 잘못된 망상에 우리는 사로잡혀 살아왔다. 그 결과 우리는 돈만 좇으며, 돈의 노예로 평생 살아 가지만, 결코 부자로 살지 못하는 것이다.

 우린 이러한 거짓 성공과 부의 망상에 사로잡혀 살아왔고, 살아가고 있는지도 모른다. 그러므로 우리는 이러한 것들로부터 마음을 먼저 해방시켜야 한다. 그렇게 하기 위해 우리는 그러한 것들에서 마음으로부터 멀어져야 하고, 떠나야 한다.

 지금, 이 순간부터, 외형적인 거짓 성공과 부의 망상에서 떠나보자. 더 이상 그러한 것들의 노예로 끌려가는 삶을 살지 말고, 이제부터는 그러한 것들을 거부하자. 지금, 이 순간 우리는 얼마든지 성공과 행복의 길을 갈 수 있다는 사실을 명심하자. 그리고 참된 행복과 성공과 부를 향해 나아가자.

-

- 모든 아픈 과거와 피해 의식의 세계로부터 떠나라.

우리가 행복하게 살고자 해도, 우리를 괴롭히는 것은 한둘이 아니다. 특히 그것이 우리의 삶에 던져주는 충격과 아픔이 크면 클수록, 우리는 아픈 과거의 그 사건 때문에, 그리고 피해 의식 때문에, 평생을 힘겹게 살아갈 수밖에 없을 수도 있다. 하지만 아무리 과거에 겪은 사건이나 사고가 치명적이라 할지라도 우리에게는 여전히 희망이 있고, 기쁨과 즐거움의 샘은 우리 내면에 다시 솟아날 수 있다는 사실을 믿어야 한다.

우리는 어떠한 상황과 아픈 과거와 피해 의식에서도 그것을 떠나, 행복하게 살아 갈 수 있다는 사실을 몸 소 실천해서 우리에게 보여 주고 있는 한 여성의 이야기가 있다. 이 이야기는 세계적인 동기부여 전문가이자 베스트셀러 작가인 '행복을 그리는 철학자' 앤드류 매튜스가 최근에 출간한 책인 [그럼에도, 행복하라(Happiness in Hard Times)]라는 책에 실린 엘리슨의 이야기이다.

그녀는 어느 날 밤 귀가 중에 느닷없이 괴한 두 명에게 납치되었다. 그리고 그들에게 성폭행당했고, 심지어 온몸과 목을 수십 번이나 그들의 칼에 의해 난도질을 당했다. 심지어 그녀는 그 와중에 그들의 손에 의해 코와 입이 막혀서, 질식했다. 그래서 그녀는 질식사로 죽어야 했다. 하지만 그 괴한들이 휘두른 수십 번의 무자비한 칼 질로 인해 목이 잘렸다. 불행 중 다행으로 목이 잘리면서, 목의 기도가 튀어나와, 그녀는 질식사로 죽어가다가, 숨을 쉴 수 있게 되었다.

그녀는 처음 알았다. 사람의 목이 한쪽 귀에서 다른 쪽 귀까지 잘리면 머리를 받칠 목 근육이 없어지기 때문에, 머리가 뚜껑이 열리듯, 뒤로 젖혀져 등과 부딪치게 된다는 사실을 말이다. 그래서 그녀는 자신의 그 머리를 한 손으로 붙잡아 고정해야만 했고, 다른 한 손으로는 배 밖으로 튀어나오려고 하는 내장을 고정하기 위해, 난도질당한 배를 움켜쥔 채, 반쯤은 기고, 반쯤은 비틀거리면서, 누군가의 도움을 받기 위해, 사생결단으로 어디론가 움직여 나아갔다.

기적적으로 의사에게 발견되어, 그녀는 기사회생할 수 있었다. 과연 그녀는 그 후 행복한 삶을 살 수 있었을까?

그녀는 '그럼에도 불구하고' 행복한 삶을 살고 있다. 그리고 그 비결은 바로 과거의 아픈 상처와 피해의식에서 완전히 떠날 수 있었기 때문이다.

" 삶에 있어서 두려워할 것은 아무것도 없습니다. 다만 이해되어져야 할 뿐입니다." 라고 말한 노벨상 수상자였던 퀴리 부인의 말처럼, 우리는 어떠한 아픔과 상처도, 누려워할 필요가 없다. 그것은 모두 이해해야 할 대상이기 때문이다.

우리에게 발생한 모든 아픈 과거를 이해할 대상으로 규정해 보라. 그렇게 되면, 우리는 그러한 아픈 과거의 보이지 않는 사슬로부터 벗어날 수 있다. 그것을 오롯이 떠날 수 있게 된다. 그 이유는 우리가 무엇을 어떻게 규정하느냐에 따라, 그 대상이 다르게 보이기 시작하기 때문이다.

우리를 불행하게 하고, 힘들게 하는 것은 우리에게 일어난 아픈 경험이 아니라, 그 경험에 대해 우리가 그것을 어떻게 규정하느냐 하는 것이다. 즉 똑 같은 아픈 경험을 했더라도, 그것에 대해 규정하는 방식을 다르게 하여, 다르게 규정하게 되면, 그러한 아픈 경험은 다르게 우리에게 다가온다는 것이다.

누군가를 미워하고, 증오하고 반감을 품는다고 해도, 그 사람이 갑자기 나에게 어떤 부탁을 할 경우, 우리는 그 부탁을 들어주면서, 그 사람에 대한 자신의 마음이 변화가 생기는 것을 경험하게 된다. 그전에는 단순'히 반감의 대상이고, 라이벌이었지만, 그 사람에게 친절을 베풀면서, 갑자기 반감의 대상이 친절의 대상이 되고, 내가 무엇인가를 그 사람에게 베풀면서, 나눔의 대상으로 바뀌게 되는 것이다. 즉 그 사람은 아무것도 바뀌지 않았지만, 나 자신의 그 사람에 대한 규정이 바뀌었던 것이다. 그로 인해 그 사람을 좋아하게 되고, 친해지게 된다. 그것이 바로 "사람은 친절을 받은 사람보다 친절을 베풀었던 사람을 더 좋아한다." 라는 속담이 생겨난 토대가 되는 현상이다.

벤저민 프랭클린도 이와 같은 사실을 잘 알고 있었기 때문에, 자신의 정적에게 책을 한 권 빌려 달라고 부탁했다. 그리고 그 책을 잘 읽고, 감사의 편지와 함께 돌려 주었다. 그 다음부터 그 정적은 벤저민 프랭클린에게 매우 큰 호감을 보이며, 웃으며 인사를 건네며, 다정하게 이야기를 나누는 사이가 되었다고 한다.

이처럼 우리가 누군가와 나쁜 관계에 있다면, 그 사람을 다르게 규정해 보자. 그러면 그 사람에 대한 반감도 없어지고, 그 사람에 대해 진실로 대할 수 있게 될 것이다.

이러한 현상은 사람에게만 적용이 되는 것이 아니다. 이 세상의 모든 것에 적용이 가능하다. 특히 과거의 아픈 상처와 경험이 있었다면, 그것에 대해서도 지금까지 생각했던 것과 다른 생각을 해 보자. 그러한 것들을 다르게 규정하는 순간 우리는 그것들로부터 받는 영향이 달라진다는 사실을 깨닫게 될 것이다.

가령, 과거에 대학 입시에서 재수했고, 의대에 가지 못해서 평생 후회를 하고 있다면, 이제는 다르게 규정해 보자. 내가 의사가 되지 못했기 때문에, 지금은 수많은 사람들에게 감동과 용기를 주는 베스트셀러 작가가 될 수 있었다고 말이다. 그렇게 다르게 규정하는 순간, 나는 비로소 아픈 과거와 피해 의식으로부터 떠날 수 있게 되는 것이다.

바로 이것이다. 아무리 돈이 많고, 아무리 성공을 해도, 아픈 과거와 피해 의식으로부터 떠날 수 없다면, 우리는 마음의 평화와 참된 행복을 누릴 수 없게 된다. 그렇기 때문에, 떠나는 것이 중요하다. 마음으로부터 떠날 수 있다면, 우리 삶도 그렇게 될 수 있다.

누구는 실연당한 것이, 누구는 이혼당한 것이, 누구는 회사에 취직을 못 한 것이, 누구는 대학을 다니지 못 한 것이, 누구는 회사에서 퇴직 당한 것이 아픈 과거가 될 것이고, 그것이 피해 의식으로 자신을 옭아 맬 수 있을 것이다. 하지만 그러한 것들을 새롭게 다르게 규정해 보자. 그렇게 다르게 규정하는 순간, 그것들로부터 온전하게 떠날 수 있게 될 것이다.

– 정형화된 사고방식과 삶의 틀 속에서 떠나라.

우리의 삶을 힘들게 만들고, 우리로 하여금 날마다 지치게 만드는 것은 바로 우리가 만들어 놓은 틀에 박힌 사고방식과 규칙 때문이다. 그것은 바로 우리의 고정관념이기도 하다. 우리는 항상 이런 생각에 사로잡혀 살아왔다.

' 최소한 친구가 부탁하면, 들어 주어야 한다.'
' 돈이 없어도, 최소한 이것은 갖추고 있어야 한다.'
' 부탁을 하면, 힘들어도 들어 주어야 한다.'
' 아는 사람이 청탁을 하면, 들어 주어야 한다.'
' 남들과 비슷하게 가야 한다. 절대 눈 밖에 나서는 안 된다.'
' 이것은 꼭 이렇게 해야 한다. "
' 저것은 지금까지 저렇게 해 왔으니, 꼭 저렇게 해야 한다.'
' 남자는 부엌에 들어오면 안 된다.'
' 남자는 울면 안 된다.'
' 여자는 얌전해야 한다.'

'여자는 목소리가 크면 안 된다.'

하지만 지금 생각해 보면, 우리는 꼭 그렇게 해야 할 어떠한 이유도 명분도 찾을 수 없다는 사실을 알게 될 것이다. 이러한 고정관념은 결국 우리가 사는 세상의 다양함과 그 가치를 없애버리는 것과 다를 바 없는 것들이다. 모든 사람이 획일화되는 그런 세상은 절대 아름다운 세상이 아닐 것이다.

우리가 좀 더 다른 사람들과 조화롭게 잘 살아가기 위해 필요한 것은 '꼭 이래야만 한다.' 라는 생각의 틀 속에서 떠나는 것이다. 꼭 이래야만 하는 것은 절대 아니다. 저런 사람도 있고, 또 이런 사람도 있으며, 어떤 것도 다른 어떤 것보다 그것이 우위에 있다고 할 수는 없다는 사실이다.

정형화된 사고방식과 삶의 틀이 많으면 많을수록, 포용력이 적은 사람이 되어 버린다. 그래서 사람들 사이에 인기가 없고, 사람들이 잘 모여들지 않는 사람 중에 이런 사람들이 많다. 우리에게 필요한 것은 이러한 정형화된 사고방식과 삶의 틀에서 벗어나서 그러한 삶을 떠나는 것이다. 그래서 좀 더 유연해져야 한다.

 필자 역시 경상도 남자이다. 그래서 처음 결혼을 한 후, 십 년 가까이 매우 힘든 부부생활을 했다. 그 이유는 단 한 가지다. 필자의 정형화된 사고방식, 고정관념 때문이다.

" 여자는 반드시 밥을 해야 돼! 남자는 그것을 먹어 주면 돼!"
" 여자가 아이를 키워야 돼!"
" 여자가 설거지를 해야 돼!"
" 남자는 절대 설거지를 해서는 안 돼!"
" 명절이 되면 반드시 시댁에 가서 명절 연휴 동안 시댁에 머물러야 돼!"

이러한 정형화된 사고와 틀이 필자의 마음에는 오랫동안 머물러 있었고, 필자 역시 그러한 삶의 틀에서 벗어나지 못했다. 그 결과 엄청난 부부싸움과 스트레스로 서로 상처와 아픔을 주었다.

하지만 이제는 사고의 틀을 완전히 떠났다. 그래서 이제는 ' 꼭 이래야만 된다.' 라는 말 대신에' 그래도 돼! ' 라는 말을 자주 한다.

이래도 되고, 저래도 된다. 길은 절대 하나가 아니다. 때로는 이 길이 낫고, 때로는 저 길이 낫다. 어떤 길로 가도, 목적지에 갈 수 있다. 빠른 길이 무조건 좋은 길이 아니며, 곧은 길이 무조건 나은 길이 아니다. 때로는 빨리 달려 가야 할 때도 있지만, 때로는 천천히 음미하면서 가야 할 때도 있다. 때로는 역할을 분담해서 할 때도 있어야 하고, 심지어 역할을 바꾸어서 해야 할 때도 있다.

인생은 여행과 같은 것이기 때문이다. 정해진 길이란 없기 때문이다. 태초에 길이란 없었다. 수많은 사람이 지나다니면 그것이 길이 되어 버린 것처럼, 우리 역시 길을 만들며 사는 것이다. 꼭 남이 갔던 길로만 가야 하고, 남들이 했던 삶의 방식만 따라 할 필요는 없는 것이다.

정형화된 사고방식인 고정관념을 떠나야 하는 이유 중에 아주 중요한 이유는 고정관념을 떠나서, 그것을 바꿀 수 없기 때문에 우리가 성공을 하지 못하기 때문이다. 그래서 성공하는 사람들은 모두 정형화된 사고방식과 틀에서 벗어날 줄 아는 사람들이었다고 말할 수 있다.

[리셋! 눈부신 탄생]이란 책에서 이 책의 저자인 김필수 작가는 다음과 같이 고정관념의 심각성에 대해 말하고 있다.

" 어떤 심리학자는 의식이 1이라면 무의식이 9에 해당된다고 하고, 또 어떤 학자는 의식이 1이라면, 무의식이 24에 해당된다고 한다. 물론 무의식의 크기를 정확한 수치로 표현할 수는 없다. 하지만 의식보다 무의식의 영역이 훨씬 더 크다는 것에는 다들 공감한다. 우리가 고정관념(固定觀念)을 바꾸기가 그렇게 어려운 것도 그것이 무의식의 영역이기 때문이다.

우리를 성공하지 못하게 가로막는 고정관념이 나

의 의식과 몸과 마음을 제한해 버리기 때문이다. 이러한 고정관념을 바꾸기 위해 우리는 높은 의식의 생각과 스스로에 대한 믿음이 결부 되어 있어야 한다.

 고정관념은 우리의 능력과 잠재력을 사장해 버리고 제한해 버린다. 그래서 새로운 꿈을 꾸지 못하게 하고, 도전도 해 보지 못하게 우리를 옭아매어 버리고, 인생의 낙오자로 패배자로 살도록 우리의 인생에 견고한 진을 쳐 놓고 있다. 마치 난공불락의 요새와 같은 것이다. 이러한 곳을 공격하여, 성을 빼앗기가 힘들기 때문에, 그토록 실패자들이 이 세상에 차고 넘치는 것이다. "

 그의 말처럼, 우리가 고정관념과 틀에서 벗어나기 힘든 것은 의식보다 더 큰 힘을 가지고 있는 무의식의 세계에 그것들이 있기 때문일 것이다. 그렇기 때문에 우리는 그러한 세계에서 벗어나기 위해, 높은 의식의 생각과 스스로에 대한 강한 믿음을 가져야 한다.

무의식의 세계에 놓인 우리의 고정 관념과 사고의 틀은 너무나 부정적인 것이기 때문에, 언제나 '나는 안 돼, 나는 할 수 없어, 나는 그냥 보통 사람이야, 나는 평범해, 나는 그냥 이렇게 살다 죽어야 해, 나는 아무것도 할 수 없어.' 라는 생각들만 하루에도 수백, 수천 개를 생산해 내고 있다. 하지만 우리는 이러한 정형화된 부정적인 사고 방식과 사고의 틀에서 과감하게 벗어나, '나는 할 수 있다. 나는 된다. 나는 무조건 성공한다. 나는 천재이다. 내 안에는 천재성이 숨어 있다. 나는 특별하다. 나는 남다르다. 나는 탁월하다. 이것만은 내가 세계 최고이다. 이것만은 내가 재능이 있다. 이것만은 남들보다 내가 제일 잘할 수 있다.' 라는 생각을 의식적으로 반복하고, 강한 자기 확신을 통해, 긍정적인 의식의 세계로 탈출해야 한다.

  그렇게 탈출에 성공한 이들은 바로 1%의 성공을 거둔 위대한 거인들이다.

2부. 거짓된 성공으로부터의 이별

- 참된 부는 돈이 많은 것이 아니다.

성공과 부의 척도는 사고방식이며, 그러한 사고방식은 오롯이 마음 혁명을 통해서 형성 될 수 있다. 그래서 참된 부는 돈이 많은 것이 절대 아니다. 마음에서부터 부자가 될 수 있어야 하고, 마음에서부터 풍요로운 삶을 이끌 수 있어야 한다.

맥도날드의 창업자 레이 크록은 돈에 대해 다음과 같은 말을 한 적이 있다.

" 내 인생에 있어서 돈은 성취한 것에 대한 자부심을 의미한다."

그의 이 말에는 우리가 돈에 대해 너무 많은 의미와 가치를 부여하는 것에 경계할 뿐만 아니라, 정확히 자신의 자부심과 성취에 대한 하나의 결과물로 돈을 규정하고 있다. 그 이상의 것을 돈이라고 규정하지 않는다. 그는 절대 돈이 인생의 목적이라고 말하지 않을 것이고 그렇게 생각하지 않을 것이다.

[온! 리치]의 저자인 폴 매케나는 부자는 돈이 만드는 것이 아니라, 바로 우리의 생각이 만든다고 설파 했다.

" 모든 부유함은 정신에서 창조된다. 부자가 빈자와 다른 점은 부자는 생각의 가치를 인식한다는 점이다. 우리가 누리고 있는 모든 것은 생각의 산물이다. 부자를 만드는 것은 돈이 아니라, 생각이다."

그렇다. 그 사람이 부자인지 가난한 사람인지 판단하는 기준은 돈이 아니라, 그 사람의 사고방식과 생각인 것이다. 그렇기 때문에 돈 한푼 없이 부자로 사는 사람도 이 세상에는 많다. 그리고 그 반대로 돈은 억만장자이지만 가난하게 사는 사람도 이 세상에는 없지 않다.

" 돈은 아직까지 어느 누구도 부자로 만들지 못했다."

라고 말한 고대의 철학자 세네카의 말처럼, 돈이 아무리 많아도, 그것 때문에 우리가 부자가 되는 것은 아니다. 우리를 부자로 만드는 것은 돈이 아니라, 우리의 마음이다. 그 이유는 수레가 소소 이끌 듯, 우리의 사고방식과 생각이 우리의 삶을 이끌기 때문이다. 그래서 돈을 버는 것이 최대의 인생 목적이 되고, 부자가 되는 것이 삶의 목적이 된 사람들은 아이러니하게도 부자라고 할 수 없다. 그것은 참된 부자에 대한 규정이 틀렸기 때문이다. 이들은 돈이 많으면 부자라고 규정을 하지만, 참된 부자는 그런 것이 아니다.

"어떤 사람들은 '무슨 일이 있어도 돈 벌기'라는 목적을 위해 시간이나 건강 또는 가족까지 희생해야 한다고 믿는다. 하지만 부유함의 정의를 '돈 많이 벌기'에서 '나 만의 방식대로 살아가기'로 넓힌다면 그런 희생은 모두 비현실적인 것으로 볼 수 있다. "

폴 매케나의 말이다. 그의 말대로, 부자의 정의를 '돈 많이 벌기'에서 '내가 좋아하는 일을 하면서 살아가기' '나만의 인생길을 발견하고, 그 길을 가기' '돈에 구애받지 않고, 자유롭게 하고 싶은 것을 하며 살기' 등으로 확장해서, 새롭게 정할 수 있는 사람이라면, 그 사람은 돈의 유무와 상관없이, 부자라고 할 수 있는 것이다.

돈의 유무와 상관없이 사고방식과 생각이 열려 있는 사람을 우리가 부자라고 할 수 있는 이유에 대해 그는 다음과 같이 말한다.

"내가 부유함에 대해 연구하던 초기에 배운 큰 깨달음 중 하나는, 삶의 부유함을 자동차 크기나 은행 잔고만으로 가늠할 수 없다는 것이다. 더욱 중요한 것은 '부유한 사고'를 하고 있는 사람들과 '가난한 사고'를 하는 사람들 간에 엄청난 차이가 있다는 것이다. …….

거의 모든 '부유한 사고'를 하는 사람들은 만약 내가 가진 돈을 모두 잃어버리더라도 몇 년 안에 그 돈을 되찾을 것이라고 내게 말했다. 이것이 '부유한 사고'를 하는 사람과 '가난한 사고'를 하는 사람의 차이를, 그들이 은행에 갖고 있는 돈의 양으로 측정할 수 없는 이유다. "

이제 결론은 이것이다. 참된 부는 돈이 아니라, 우리의 사고방식과 생각에 의해 판가름 난다는 것이다.

- 참된 성공은 마음의 크기에 따라 결정 된다.

 우리가 마음 혁명을 통해 보다 더 나은 삶을 살 수 있고, 더 행복하고 건강한 삶을 살 수 있는 이유들은 매우 많다. 그중에서 한 가지 이유는 바로 참된 성공을 할 수 있는 마음의 도량이 넓어지고, 생각이 커지고, 안목이 커진다는 것이다.

 '이 세상의 모든 것은 마음먹기에 달려 있다'고 사람들은 말한다. 이 말은 정말 진리라고 할 수 있을 정도로 매우 옳은 말이다. 우리 인생을 이끄는 것은 바로 우리 속에 있는 마음이기 때문이다.

 그래서 우리는 마음 속으로, 나는 힘이 세다고 생각하면, 정말 없던 힘도 생겨 난다는 것이다. 이러한 속담들을 실제로 실험하여, 밝혀낸 사람이 있다. 그 사람은 영국의 유명한 정신병리학자 J. A. 하드필드이다. 그는 자신의 저서를 통해, 인간의 생각이 인간의 실제 힘에 어떻게 영향을 미치는지에 대해 실험을 통해 밝혀 냈다.

실험의 객관성을 위해, 세 명의 남자를 대상으로 실험을 진행했다. 먼저 세 명의 남자들에게 아무것도 주문하지 않고, 평소의 상태에서 악력 테스트를 진행했다. 이 들 세 명의 평균 악력은 101파운드로 측정되었다. 그리고 나서, 이들에게 마음의 변화를 주어, 마음을 다르게 먹게 했다. 즉 이들에게 '당신의 손아귀 힘은 매우 약하다.' 라는 강한 암시를 계속해서 주어, 이들의 마음에 변화를 주었다. 그러고 나서, 이들의 악력 테스트를 진행했다. 놀랍게도 측정된 이들의 평균 악력은 겨우 29파운드 밖에 나오지 않았다. 정말 이들은 갑자기 힘이 없어진 것이다.

더욱 놀라운 사실은 지금부터다. 이번에는 이들에게 "당신의 손아귀 힘은 매우 강하다." 라는 강한 자기 암시를 주어, 이들이 이전과는 180도 다르게 마음을 먹게 했다. 그리고 나서 악력 테스트를 했다. 놀랍게도 이들의 평균 악력은 무려 142파운드가 나왔던 것이다.

이러한 간단한 실험을 통해서도, 우리는 우리의

육체가 마음에 직접적인 영향을 받는 다는 사실을 알고 있다. 그렇다면 우리의 삶은 어떨까? 그것은 말할 필요도 없을 것이다.

큰 성공을 한 사람들은 놀랍게도 이러한 사실을 잘 알고 있었던 사람들이었다. 대한민국 최고의 축구 선수, 아니 세계 최고의 축구 선수라고 해도 손색이 없을 박 지성 선수는 고등학교 때까지도 별로 두각을 나타내지 못 한 평범한 선수였다. 하지만 그로 하여금 위대한 선수가 될 수 있게 해 준 것은 그가 먹은 큰 생각 때문이었다. 그는 다른 선수보다 마음의 크기를 키우는 연습을 계속했던 것이다. 실제로 언제나 그는 다음과 같은 생각을 했다고 한다.

" 나는 최고다." " 나는 최고의 선수다."

라는 생각을 항상 하였고, 특히 경기 전에는 반드시 이러한 생각을 많이 했다고 한다.

우리에게 큰 웃음을 선사해준 세계 최고의 희극 배우 찰리 채플린 역시 이러한 마음의 크기가 남달랐던 사람이었다. 보육원에서 먹을 것이 없어서, 굶주리면서도, 그는 마음의 크기를 키워 나갔던 것이었다. 그 결과 그는 세계 최고의 배우가 될 수 있었던 것이다. 이러한 사실을 그가 남긴 위대한 말로 우리는 짐작해 볼 수 있다.

" 인간에게 중요한 것은 자신감을 갖는 것이다. 보육원에서 먹을 것을 찾아 헤매던 시절에도 나 자신은 늘 세계 최고의 배우라고 생각했다."

현대 심리학의 거장인 윌리엄 제임스는 마음의 힘에 대해 다음과 같이 말했다.

" 우리 세대가 이루어낸 가장 위대한 발견은 인간이 자신의 마음 자세를 바꿈으로써 삶 그 자체를 변화시킬 수 있다는 사실을 발견한 것이다."

우리의 삶과 인생은 우리의 마음 자세에 따라 갈린다. 그것을 아는 사람은 마음의 크기 또한 항상 키우는 사람일 것이다. 마음의 크기가 큰 사람일수록 큰 인생을 살아 갈 수 있기에, 우리 인생을 잘 살고 싶다면, 마음의 크기를 키울 필요가 있다. 마음이 작은 사람치고 큰 인생을 살고, 큰 성공을 거둔 사람은 없다.

이 우주도 다 품을 수 있는 큰 마음을 가진 사람은 돈 몇 푼에 사람을 죽이지 않는 다. 이런 사람들은 돈 몇 푼에 우정을 저버리지 않는 다. 이런 사람들은 돈 몇 푼에 양심을 버리지 않는 다. 이런 사람들은 눈 앞의 권력을 위해, 타인을 비방하지 않는 다. 이런 사람들은 성공하기 위해, 조급해하지 않는 다. 이런 사람들은 출세하기 위해, 가치 있는 것들을 저버리지 않는 다. 이런 사람들에게 외형적인 성공과 출세와 돈과 물질은 매우 작은 것이기 때문이다.

이런 사람들은 외형적인 성공이 아닌, 내면에서부터의 참 된 성공, 즉 자기 자신을 극복하고, 자신의 두려움과 나약함을 뛰어 넘는 참 된 성공을 이룩한 자들이다. 이런 사람들은 누구보다 의미 있고, 가치 있는 삶을 살아 가는 사람들이다. 이런 사람들은 돈이 없어도, 부자로 살아 갈 수 있는 사람들이다.

마음이 큰 사람은 이미 성공의 삶을 살아가고 있는 사람들이다. 그들에게는 어떠한 패배자의 그림자도 찾아 볼 수 없다. 참 된 성공이 마음에서부터 시작된다는 사실을 그들은 알고 있기 때문이다. 우리는 마음 혁명을 통해, 참 된 성공의 길을 갈 수 있다.

 크게 생각하는 사람만이 큰 인생을 살 수 있다. 그러므로 마음 혁명을 통해, 크게 생각하는 사람이 되어라.

- 거짓된 모든 것과 외형적인 것을 떠날 때, 참된 성공과 부를 만날 수 있다.

[돈 한 푼 없이 부자로 사는 법]의 저자인 필 컬러웨이는 말한다. 돈을 많이 가지고 있는 부자이면서도, 가난한 삶을 살아가는 사람이 있는 반면에, 돈 한 푼 없어도 부자로 살아 가는 사람이 존재한다고 말이다.

그는 자신의 저서를 통해, 돈이 모든 것을 해결해 주고, 사람을 부자로 만들어 주는 것은 절대 아니라는 사실을 잘 말해 준다. 진정한 부자는 돈이 많은 사람이 아니라, 이웃과 함께 더불어 살 줄 아는 사람이며, 돈의 한계를 잘 알고 있는 사람이며, 옳은 것을 남기고 떠날 줄 아는 사람이며, 삶의 속도를 늦출 줄 아는 사람이라고 그는 역설한다.

우리 삶을 풍요롭게 해 주고, 부자로 만들어 주는 것은 돈이 아니라, 우리의 마음이며, 그 마음을 통해, 우리는 진정한 성공과 부를 만날 수 있다.

" 그의 지갑을 열어보는 것만으로는 그가 부자인지 가난한지 아무도 말 할 수 없다. 사람을 부자로 만드는 것은 마음이다." 라고 19세기 미국의 사회 개혁가인 헨리 워드 비쳐는 말한바 있다. 그의 말대로, 우리를 부자로 만들어 주고, 부자로 살게 해 주는 것은 우리의 마음이다. 우리의 마음에 욕심을 끊고, 버리고, 떠날 수 있다면, 그 사람은 이미 부자인 것이다.

고대의 철학자 소크라테스는 ' 가장 적은 것에 만족하는 사람이 가장 부자이다.' 라고 말했다. 가장 작은 것을 가지고도, 만족할 수 있는 사람이 참된 부자라는 의미이다. 그렇다면, 이렇게 만족할 수 있는 사람이 되기 위해서는 거짓된 성공과 외형적인 것들에서 마음으로부터 떠날 수 있어야 한다.

거짓된 명예와 외형적인 성공은 모두 우리를 부자로 만들어 주는 것이 아니라, 더욱 우리를 고독하게 하고, 외롭게 하고, 힘들게 한다. 그 결과 자본주의 사회에서 성공할수록, 우리는 허전해진다. 그래서 급기야는 세상에서 가장 성공한 사람들이 자살을 선택하기도 하는 것이다.

 글을 쓰는 문학가들에게 노벨 문학상의 최고의 명예로운 상이다. 노벨 문학상을 받은 작가는 그야말로, 명실상부한 세계 최고의 작가의 반열에 오른 것이며, 작가로서 최고의 성공을 한 것이나 다를 바 없다. 하지만 노벨 문학상을 받은 일본의 문학계 거장인 가와바타 야스나리는 유명한 소설 '설국'으로 노벨 문학상을 받은 인물이다. 하지만 그는 노벨상을 받은 지 5년도 채 되지 않아서, 가스관을 입에 물고 자살했다. 거짓됨 명예와 외형적인 성공이 우리를 행복하게 해 주지 못하며, 참된 부자로 살 수 있게 해 주지 못 하기 때문이다.

미국에서도 "노인과 바다"로 우리에게 잘 알려진 노벨 문학상 수상 작가인 헤밍웨이도 자살한 인물이다.

" 나는 전류의 흐름이 그치고 필라멘트가 끊어진 전구처럼 고독하다."

라는 유서를 남기고, 자살을 선택했다. 이것이 모두, 외형적인 성공과 거짓된 명예로부터 떠나지 못했기 때문이라고 할 수 있다.

 돈 한 푼 없어도 부자로 사는 사람이 있고, 그 반대도 존재하는 이유는 무엇일까? 세상의 모든 작가가 소망하는 가장 큰 명예인 노벨 문학상을 받은 사람들이 가장 가난하게, 가장 고독하게, 가장 비참한 삶의 엔딩을 선택하게 되는 그 이유는 무엇일까?

그것은 바로 '마음'이다.

 우리가 마음으로부터, 참된 성공과 부를 만나지 못한다면, 아무리 큰 성공을 한다 해도, 그리고 아무리 큰돈을 벌었다 해도, 우리는 참된 성공과 부를 알지 못하는 자에 불과하다. 아무리 세상 적으로 성공했다 해도, 참된 부와 성공을 알지 못하는 사람들은 여전히 허전하고, 쓸쓸하며, 여전히 실패한 인생에 불과하다. 그렇기 때문에, 자살을 선택하게 되는 것이다.

이러한 것을 예방하기 위해, 우리가 해야 할 것은 한 가지이다. 마음으로부터 외형적인 성공과 거짓된 모든 것을 떠나는 것이다.

- 외형적인 성공과 부에서 떠날 때, 진정으로 감사하는 마음이 생긴다.

 왜 많은 사람이 성공하고 싶어 할까? 그리고 왜 많은 사람이 부자가 되고 싶어 하는 것일 것? 그 이유에 대해서는 지금, 이 지구상에 살고 있는 80억이나 되는 모든 인류에게 물어 볼 수는 없을 것 같다. 그리고 그 중에서 행여라도 한두 사람 아니, 몇 명은 실패하고 싶어 하는 사람도 있을 것이고, 가난하게 살고 싶은 사람도 있을 것이다.

 태어나서 지금까지 한 번도 가난이 무엇인지 경험하지 못한 사람은 가난을 그렇게 싫어하지 않을 수도 있을 것이고, 태어나서 지금까지 한 번도 실패를 경험하지 못한 사람은 실패를 그렇게 두려워하지 않을 수도 있을 것이다.

 어쨌든 대부분의 사람은 성공하기 위해, 뼈 빠지게 일을 하고, 공부를 하고, 자신이 선택한 그 무엇인가를 한다. 그리고 어쨌든 대부분의 사람들이 부자가 되기 위해, 좀 더 많은 돈을 벌기 위해, 돈이 되는 그 무엇인가를 죽도록 한다. 건강을 해치면서도, 친구에 대해 생각할 시간도 버리면서, 가족과 함께 해야 할 그 시간조차도 포기하면서, 조금 더 많은 돈과 직위와 명예를 위해 뛰고 또 뛴다.

사람들은 너무 바쁘게 살아간다. 정신없이, 목표도 없이, 사명도 없이, 자신만의 철학도 없이, 생각도 없이 말이다. 특히 한국 사람들은 너무 열심히 산다. 너무 많은 시간 일만 한다는 것이 가장 큰 문제다.

그 결과 우리나라는 경제협력개발기구인 OECD 가입 국가들 중에서 자살률이 1위 국가가 되었다. 이것은 정말 불명예스러운 일이다. 우리나라 사람들은 개인과 조직과 국가의 명예를 위해, 그렇게도 힘들게 일만 하는 국민이다. 그런데 그러한 일에 치이고, 사람에 치여, 결국 자살 공화국이라는 오명을 얻게 되었다.

우리나라 국민은 하루 평균 42명이 목숨을 끊는다. 이것은 10년 전과 비교하면, 무려 5배 이상이

증가한 수치이다. 다시 말해, 우리나라 사람들은 34분마다 1명이 자살을 하는 꼴이다.

 이러한 한국 사회의 비극은 무엇 때문일까? 그것은 우리나라 사람들이 너무 외형적인 성공과 부에만 집착하기 때문이라고 할 수 있다. 외형적인 성공과 부에 집착하게 되면, 모든 행복과 불행의 기준을 그러한 것들로 규정해 버리게 된다. 그 결과 이웃의 누군가가, 직장의 누군가가 자신보다 더 큰 성공을 하게 되면, 그 사람은 곧바로 불행해지는 것이다. 이웃의 누군가가 더 좋은 차를 사고, 더 넓은 아파트로 이사를 가게 되면, 그 사람은 자동적으로 불행해지는 것이다.

 자신의 삶은 아무것도 변한 것이 없음에도 말이다. 이러한 사실에 대해 여러 가지 연구 결과들이 있다.

 자신의 연봉이 4,000만 원이고, 자신이 살고 있는 마을에 이웃들이 모두 연봉이 3,000만 원인 사람이, 자신의 연봉이 8,000만 원이고, 자신이 살고 있는 마을에 이웃들이 모두 연봉이 1억 원인 사람보다 더 행복하다고 주장하는 심리학자도 있고, 이와 유사한 연구들이 많이 발표되고 있다.

다시 말해, 행복의 절대 기준은 없다는 것이다. 그리고 무엇보다 우리의 행복을 결정짓는 것은 바로 우리의 마음이라는 점이다.

우리가 큰일을 성취하거나, 큰돈을 벌게 되거나, 큰 성공을 하게 되면, 기쁘고 즐겁다. 그런데 이 기쁨과 즐거움은 결국은 우리의 마음에서 생겨난 것이다. 그리고 우리가 어떤 슬픔 일을 당했을 때, 그 일을 통해 우리는 슬퍼하고, 우울해진다. 그런데 이 슬픔과 우울함도 결국에는 마음을 통해, 우리에게 생겨나는 것이라는 점이다.

특히 외형적인 성공이나 물질적인 부에 우리 마음이 너무 심하게 좌지우지 될 때, 우리의 삶은 일희일비(一喜一悲)하며, 요동치는 삶을 살 수 밖에 없게 된다. 이렇게 살아 가는 사람은 절대 행복할 수 없다. 이렇게 살아 가는 사람은 절대 마음에 기쁨과 즐거움이 없다. 자꾸 외형적인 성공과 물질적인 부에 자신과 타인을 비교하며, 그것에만 집착하기 때문이다. 우리가 이러한 외형적인 것들로부터 마음으로 떠날 수 있다면, 우리 삶에는 감사하는 마음이 넘쳐 나게 된다. 감사가 넘쳐 나는 삶은 큰 성공을 해야만 가능한 것이 아니다. 감사로 충만한 삶을 살아가기 위해서, 물질적인 부가 있어야 하는 것은 아니다.

오히려 늘 감사하며, 늘 기뻐하며 살아 갈 수 있는 사람들은 이러한 외형적인 성공과 물질적인 부에 대한 집착과 탐욕으로부터 떠날 줄 아는 사람들이다. 이런 사람들이 더 감사가 넘치며, 더 정신적으로 부요하고, 건강하고, 행복한 삶을 살아갈 수 있음을 우리는 알고 있다. 우리는 감사해야 할 것들이 너무나 많다. 하지만 우리는 감사에 서툴다. 감사를 잘 하지 못한다. 그래서 우리 마음이 더욱 외형적인 것들에, 집착하게 된다. 그리고 그러한 것들에 대한 집착과 욕심은 우리로 하여금 더욱 그러한 것들에 빠져들게 하고, 우리로 하여금 속물이 되게 한다. 그 결과 우리의 삶은 더욱 풍요로워졌음에도 불구하고, 더욱 감사가 없는 삶을 살게 된다. 그 결과 우리의 삶은 힘든 삶이 되고, 조급해지고, 불안해지고, 신경질적이 되고, 불행해지게 되는 것이다. 그리고 그 결과 수많은 사람이 자살하게 되는 것이다.

자살을 방지하는 최고의 비결은 매일 열 번씩만 감사를 하는 것이다. 아침에 눈을 뜬 것에 대해 감사해 보라. 아침에 일어나서 먹을 밥이 있음에 대해 감사해 보라. 아침에 일어나, 새로운 하루가 또다시 자신에게 주어진 것에 대해 감사해 보라. 지구가 어젯밤 사이에 멸망하지 않았음에 대해 감사해 보라. 날씨가 좋은 것에 대해 감사해 보라. 오늘 하루 어떤 삶을 살아갈지에 대해 선택할 수 있음에 대해 감사해 보라. 지금 자신이 생각하고 존재할 수 있음에 대해 창조주께 감사해 보라. 감사의 위력은 실로 놀라운 것이다. 우리의 인생도 변화시킬 수 있다. 그전에는 몰랐지만, 감사 할 때, 그 감사는 더 큰 감사를 불러들인다. 그래서 감사 하면 할수록 더 큰 감사의 조건들이 삶에서 형성이 된다는 사실을 알아야 한다.

필자 역시 감사의 위력을 실제로 경험한 바 있다.

회사를 그만두고, 부산에 내려와, 도서관에서 하루 종일 책을 보면서, 3년을 보냈다. 그런데 책을 읽는 방법도 조금 남과 달랐다. 독서에 대해서는, 필자는 '잡식성 대식가'라고 말 할 수 있다.

도서관에 있는 책은 거의 다 읽었던 것 같다. 닥치는 대로 다 읽은 것이다. 뇌 과학 분야에 대해서도 거의 모든 책을 읽었다. 그 덕분에 '재미있는 뇌 이야기' 라는 책을 쓰기도 했다. 지식과 경영에 대해서도 많은 책을 읽었다. 그 덕분에 '재미있는 지식 경영 이야기' 라는 세 권 분량의 책을 쓰기도 했다. 이것뿐만이 아니다. 하루에 보통 열 권 이상의 책을 섭렵하고, 오후에는 글을 쓴 것 같다. 그리고 도서관 책으로는 부족해서 책을 많이 인터넷으로 구매했다.

필자가 구매한 책에는 반드시 책 뒤에 다음과 같은 말을 썼다.

" 신이시여! 감사합니다! 이 책을 제게 허락해 주셔서 대단히 감사합니다.

이런 식으로 항상 감사의 말을 모든 책에 적는 것이 습관이었다. 수백 권의 책에 감사의 말을 적고, 책을 구매한 날짜와 이름을 적었다. 그렇게 3년을 하니까, 어느 순간, 타인의 책에 이름을 적든 필자가, 자신의 책에 이름을 적고, 사인해 주는 입장이 되었다.

그 순간 필자는 한 가지 중요한 사실을 깨달았다.

" 수백 권의 책에 감사의 말을 적고, 이름을 쓰다 보니, 자신의 책도 출간하여, 그 책에 자신의 이름을 쓰게 되는구나!"

라고 말이다. 책을 너무 좋아해서, 책을 구입하게 되면, 너무나 감격하고, 너무나 감사하여, 책의 뒤표지에 항상 감사의 말을 적는 습관이 결국에는 자신의 이름으로 된 책에 자신의 이름을 적는 상황을 불러들인 것이다. 이처럼, 어떤 대상을 좋아하고, 그것에 대해 감사하면, 결국 그 대상보다 더 좋은 것을 불러들이고, 더 좋은 상황이 만들어 지게 된다.

이러한 것들이 가능하게 되기 위해서는, 외형적인 성공이나 물질적인 부에서 떠나야 한다. 마음마음부터 그러한 것들에서 벗어나야 한다. 집착과 탐욕을 버리고, 떠날 때, 진정으로 자신에게 주어진 작은 것들에 대해서 감사할 줄 알게 된다. 그것이 습관이 되어야 한다. 그 결과 낙숫물이 바위를 뚫듯, 일상의 작은 감사들이 모여, 인생의 큰 행복을 만들어 줄 수 있는 것이다.

3부. 진정한 여행은 마음이 떠나는 일이다

- 떠나라. 그러면 새로운 세상에 닿을 것이다.

우리가 새로운 삶을 살지 못하는 것은 우리 마음속의 실패에 대한 두려움에 우리가 갇혀 있기 때문이다. 그 결과 우리는 모두 천재성을 가지고 있음에도, 천재가 아니라는 세상의 주장에 너무나 쉽게 동의해 버리고, 확신까지 해 버린다. 그것이 모두 무엇인가를 시도했다가 실패했을 때 겪게 되는 엄청난 비난과 후회, 그리고 타인의 시선에 대해 두려워하기 때문이다.

우리가 이러한 실패에 대한 두려움으로부터 떠날 수 있다면, 우리는 지금까지와는 전혀 다른 새로운 세상을 만날 수 있을 것이다. 우리가 무엇을 하든, 우리에게 가장 필요한 것은 두려워하는 마음에서 떠나는 것이다. 두려움은 우리가 성공하고, 새로운 세상을 살고자 하는 데에 있어서 가장 큰 장애물이다.

[앵무새 죽이기]의 저자인 하퍼 리는 우리가 천재성을 가지고 있음에도, 우리 내부로부터 끄집어내어 활용하지 못해, 평범한 삶을 살고 있다고 다음과 같이 멋진 문장으로 설명하고 있다. 그의 멋진 문장에 우리의 온몸이 녹는 것을 느낄 것이다.

" 사람은 누구나 적어도 한 번은 천재였던 적이 있다. 누구나 한번은 어려운 상황을 헤쳐 나올 수 있는 날개를 찾고 발명하고 창조했다. 그런 일을 한 번 해냈다면, 또다시 할 수 있다. 예술은, 적어도 내가 정의한 예술은, 자신의 인간성을 활용하여 다른 사람의 변화를 이끌어 내고자 하는 의도적인 행동이다. 예술을 어떻게 할 것인지, 어디서 할 것인지 결정하는 일은 자신이 처한 문화적인 환경에 따라 달라진다. 1000년 전에는 아무도 소설을 쓰지 않았다. 30년 전에는 아무도 동영상을 만들지 않았다. 3년 전에는 아무도 트위터로 시를 쓰지 않았다. 예술 중에서도 창조하기 쉬운 분야가 있는 것은 명백하다. 비행기 탑승객들이 적절한 순간에 흐뭇한 미소를 짓도록 만드는 것은 다른 예술에 비해서

상당히 적은 노력만 들이면 된다. 반면 아카데미상을 받을 수 있는 영화를 만드는 일은 선택된 소수의 사람들만 할 수 있다. 위대한 소설가는 태어나기도 하지만 만들어지기도 한다. 하지만 예술가가 되기 위해서 기인이 될 필요는 없다. 나는 지금 총명한 영화감독이 되라고 이야기하는 것이 아니다. 손만 뻗으면 잡을 수 있는 예술을 창조하라고 말하는 것이다. 왜 그런 일을 사람들은 그토록 두려워할까? 그것이 알고 싶다. 당신은 왜 어제 회의에서 한마디 말도 하지 않았는가? 동료들과 대화하고 상호작용함으로써 새로운 길을 찾을 수 있는 기회가 있었음에도 그렇게 하지 못하도록 잡아 끈 것은 무엇인가? 1년 동안 컴퓨터에서 썩고 있는 새로운 프로젝트 제안서를 끄집어 내지 못하는 것은 무엇 때문인가? 수많은 웨이터들이 진정한 웨이터로서 탁월한 능력을 발휘하지 못한 것은 무엇 때문일까?

나는 두려움 때문이라고 생각한다.

사람들은 이러한 두려움에 대해 이야기하는 것조차 두려워한다. 예술에 대한 두려움, 남들의 비웃음에 대한 두려움, 어떤 일을 하기 위해 홀로 일어서는 것에 대한 두려움 때문이다. 하지만 새로운 경제체제는 두려움에 맞서라고 요구한다. 경제는 두려움을 가차 없이 밀어낼 만큼 용감한 사람들, 예술을 창조하고 예술을 나눠줄 만큼 관대한 소수의 사람들에게 더 많은 혜택을 준다."

그의 말처럼, 우리가 살아가야 할 새로운 경제체제는 두려움을 가차없이 밀어낸 사람들에게 더 많은 혜택을 주는 것이 분명하다. 그렇기 때문에, 두려움을 떠나서, 어떤 일이든 도전하는 자에게 새로운 세상이 열리는 것이다.

두려움과 마찬가지로 아주 강력하게, 우리로 하여금 새로운 세상에 닿을 수 없도록 가로막고 있는 것이 있다. 바로 '학습된 무기력'이다.

많은 이들이 말한다.

" 난 해도 안 돼!" " 내가 어떻게 저런 것을 할 수 있겠어!" " 그냥 이렇게 살다 죽어야지!"

 이러한 말들을 하는 사람들은 모두 천재성을 가지고 있는 사람들이라는 사실을 알고 있는 가? 우리는 모두 천재들이다. 그래서 남들이 하는 것은 우리들도 모두 할 수 있다. 사자가 하는 것이라면, 같은 사자라면 충분히 할 수 있다. 그리고 독수리가 하는 것이라면, 같은 독수리라면 충분히 할 수 있다. 만약에 토끼가 사자가 하는 것을 할 수 있다고 생각하여, 흉내 낸다면, 그것은 불가능하다고 할 수 있다. 사자가 아니기 때문이다. 하지만 우리 인간은 다른 인간이 하는 것이라면, 같은 인간이기에 충분히 할 수 있다. 하지만 우리가 하지 못하는 이유는 우리가 무엇인가를 해내는 그 사람들과 다른 종류의 인간이라고 제한선을 마음에 그어 버리기 때문이다.

이것 역시 '학습된 무기력'의 다양한 표출 현상에 지나지 않는 다. 대표적인 '학습된 무기력' 현상은 코끼리와 벼룩이다. 어릴 때부터 작은 말뚝에 묶여져 있었기 때문에, 코끼리가 새끼였을 때는 아무리 그 말뚝을 뽑으려고 해도, 뽑지 못했다. 그것이 하나의 고정 관념이 되어, 계속 학습되면, 결국 어른 코끼리가 되어서도, 물리적으로는 뽑을 수 있는 말뚝이지만, 심리적으로 그것을 뽑을 수 없기 때문에, 절대 뽑지 못하게 된다. 벼룩도 마찬가지이다. 몸길이가 1~2mm 밖에 안 되지만, 벼룩은 자신의 몸 길이의 100배 이상을 점프할 수 있지만, 유리통 속에 갇혀, 투명 유리판 때문에, 자신의 몸 길이의 10배 정도 높이 이상으로는 뛸 수 없다는 사실을 자꾸 경험하다 보면, 결국 그것이 학습이 되어, 유리판을 치웠을 때에도, 그 유리판 높이 이상으로는 절대 점프하지 못하는 벼룩으로 살아간다.

이러한 학습된 무기력 현상은 벼룩과 코끼리에게만 나타나는 현상이 아니다. 개에게도 나타나고, 물고기에게도 나타난다. 아니 모든 생물들에게 나타난다고 봐야 한다. 그리고 그 중에서도 무엇보다 가장 강력한 특성을 보이는 것이 바로 인간이다.

우리 인간은 매우 놀라운 재능을 가지고 태어났지만, 몇 번의 실패나 주어진 환경과 조건 때문에 어떤 일을 하지 못 할 경우, 그 일을 절대 하지 못하리라 생각하게 된다. 하지만 그것은 대표적인 '학습된 무기력' 현상일 뿐이다.

자신이 머리가 나쁘다고 생각한 어떤 사람은 자신의 생각 때문에, 공부를 열심히 할 수도, 잘 할 수도 없었고, 그러다 보니 나쁜 친구들과 어울리게 되었고, 그로 인해 감옥소에 수감 되는 그런 뻔한 인생을 살게 되었다. 하지만 교도소에서 어떤 교수님을 만날 기회가 있어서, 만났는데, 자신을 보고, 머리가 굉장히 좋다고 하는 말에 충격을 받고, 그 사람은 자신의 머리가 좋다는 말 한마디 때문에, 그때부터 열심히 책을 보고, 공부를 하게 되었고, 급기야는 모범수가 되어, 남들보다 더 빨리 감옥에서 나올 수 있게 되었을 뿐만 아니라, 책을 읽고 공부하는 습관이 들어, 뒤늦게나마 공부를 시작하여, 명문대를 졸업하고, 교수가 되어, 새로운 세상을 만나게 되었다는 스토리가 있다.

그는 자기 머리가 좋다는 말 한마디로 인해, 평생 자신을 옭아 매였던 '학습된 무기력'에서 벗어날 수 있었던 것이다. 그 결과 그는 새로운 세상에 닿을 수 있었다.

지금 우리를 옭아매고 있는 '학습된 무기력'이 무엇이든 우리는 그것에서부터 벗어나, 떠날 수 있다면, 우리는 새로운 세상을 만날 수 있고, 만들 수 있다. 세상은 우리에게 세뇌를 한다. 우리가 천재가 아니라고 말이다. 하지만, 우리의 마음 깊은 곳에서는 우리에게 말한다. '우리는 천재다. 우리는 무엇이든 할 수 있다. 남들이 하는 것이라면, 우리도 다 할 수 있다.'고 말이다.

새로운 세상을 살아 보고 싶다면, 떠나자. 모든 두려움과 모든 심리적 한계선으로부터 말이다.

- **과거의 내 모습에서 과감하게 떠나라.**

우리가 빠져서는 안 되는 함정 중에 하나는 바로 우리의 과거의 모습에서 벗어나지 못 한다는 과거의 함정이다. 과거에 내가 실패한 경험이 있으면, 우리는 그러한 경험 때문에, 그 일에 성공할 수 없다. 절대로 성공할 수 없다. 성공하기 위해서는 과거의 자신의 모습이 설치해 놓은 덫에서 빠져 나와야만 하기 때문에, 성공이 매우 힘든 것이다. 이와 반대로, 과거에 우리가 성공한 경험에서도 우리는 과감하게 떠날 필요가 있다. 특히 젊은 날 큰 성공을 하게 된 사람은 그 성공 때문에, 더 이상의 성장과 도전을 하지 못 하는 경우가 많고, 실패에 대한 두려움이 더 커지는 경우가 있다.

이런 예를 보여 주는 재미있는 사례가 바로 작가들 사이에서 유행하는 '두 번째 책 증후군'이라고 불리는 마음의 병이다. 이것은 특히 첫 번째 작품을 통해, '단 하룻밤의 성공'을 거둔 작가들이 흔히 빠지게 되는 고통의 일종이다. 일생을 통해, 처음으로 책을 써낸 작가들은 그 첫 번째 책을 통해, 예상

하지도 못했던 칭찬과 인기를 얻게 되면, 그다음부터는 도저히 그 다음 책을 쉽게 쓸 수 없다고 한다. 왜냐하면, 두 번째 책이 첫 번째 책보다 더 나을 것이라는 확신을 할 수 없기 때문이다. 그로 인해, 두 번째 책에 대한 두려움, 첫 번째 책에 비해, 더 낫게 쓸 수 있을 것 같다는 생각이 들지 않기 때문이다. 그래서 우리가 잘 알고 있는 유명한 소설 중에도, 단 하나의 작품만을 남긴 작가들의 유일한 작품인 경우가 적지 않다.

이러한 현상의 근본 원인은 바로 마음으로부터 과거의 화려한 성공이나, 혹은 뼈아픈 실패를 모두 떠날 줄 모르고, 계속해서 과거의 자기 모습에 묻혀 있기 때문이다. 그로 인해 더 이상의 도전과 발전과 성장이 없게 되는 것이다.

즉 우리가 살면서 명심해야 할 생활 지침은 어제까지의 성공이나 실패는 모두 어제의 것으로 돌려야 한다는 것이다. 그래서 오늘은 또 다른 새로운 오늘이며, 오늘의 나는 새로운 나일뿐이라는 사실을 명심하는 것이다.

큰 성공을 할 수 있는 사람들은 모두 과거의 자기 모습에서 과감하게 떠날 수 있는 사람들이라는 점에서 공통점을 가지고 있다. 그들은 항상 미래의 목표에만 집중한다. 하지만 실패하는 사람들은 과거의 자기 모습에 너무 많은 집착을 보인다. 그래서 미래를 향해 전심으로 달려 갈 수가 없는 것이다. 그러한 삶의 태도는 그 사람이 아무리 큰 재능을 가지고 있는 사람이라 할지라도 큰 성공을 하지 못하게 가로막는 가장 큰 장애물이 된다. 그래서 큰 성공을 하는 사람들은 큰 재능을 가지고 있는 사람들이 아니라, 끝까지 포기하지 않고, 계속하는 힘을 가진 사람들임을 우리는 알아야 한다.

끝까지 꾸준히 하는 사람이 재능을 가진 사람을 이길 수 있다. 그런데 이렇게 끝까지 포기하지 않고, 꾸준히 할 수 있는 힘은 과거의 자신의 모습에 연연해 하지 않고, 도전할 수 있는 삶의 태도에서 나온다. 이런 사람들은 무엇보다 과거의 자신의 모습에서 과감하게 떠날 줄 아는 사람들이다.

자신이 얼마나 성공했든, 얼마나 큰 실패를 했든, 상

관하지 않고, 새롭게 새로운 오늘을 살아갈 수 있고, 미래를 준비하며, 도전하며, 끝까지 할 수 있는 사람에게 성공과 부는 다가간다. 그렇기 때문에 성공과 실패를 가르는 것은 바로 우리의 마음이며, 우리의 삶의 태도이다.

- 좁은 우물 안에서 나와 넓은 세상으로 떠나라.

 " 미래는 자신의 꿈의 아름다움을 믿는 사람들의 것" 이라고 프랭클린 루즈벨트는 말 한 바 있다. 그의 말처럼 위대한 꿈이 위대한 사람을 만들게 된다. 그렇기 때문에 자신의 꿈이 없는 사람은 언제나 좁은 우물 안에서 나올 수 없는 사람이며 나올 필요성도 자각하지 못 한 채 평생 살아가게 된다. 우물 안에 있다는 것은 시력이 있지만 볼 수 없는 사람과 다름없다. 이런 점에서 꿈과 비전이 없는 사람이 진정한 시각 장애인이라는 헬렌 켈러의 말은 맞는 셈이다.

 " 진정한 시각 장애인은 시력이 없는 사람이 아니라, 비전이 없는 사람이다."

 우리가 좁은 우물 안에서 나와 넓은 세상으로 가야 하는 이유는 그 곳에 있으면 반드시 썩게 되기 때문이다. 마치 고인 물은 반드시 썩어서 냄새가 나게 마련이듯, 우리가 우물 안에서만 머물게 되면, 우리의 마음과 생각이 진취적인 기상을 가질 수도 없고, 유지할 수도 없게 된다. 진취적인 기상이 없는 사람은 어떠한 가치도 없다.

우리는 나아지려고 노력하지 않으면 평범해져 버린다. 그리고 우리는 우물 안에서 벗어나려고 노력하지 않으면 평생 그곳에서 벗어날 수 없다. 우리에게 좁은 우물은 바로 세상적인 성공과 성공의 잣대이다. 이것이 왜 위험한 것일까? 그 이유는 우리의 삶에 우리가 주인이 될 수 없기 때문이다.

좁은 우물 안에서 나와 넓은 세상으로 떠난다는 것은 세상이 규정한 성공을 벗어나 자신만이 스스로 성공에 대해 규정한다는 것을 의미한다. 우리가 우리 스스로 성공에 대해 규정을 해야 하는 이유는 우리에게 스스로 규정한 성공의 정의가 없으면, 어쩔 수 없이 세상이 규정한 성공의 정의를 사용해야 하기 때문이다.

이 세상이 규정한 성공은 물질과 지위라고 할 수 있다. 다시 말해 세상적 성공의 정의는 어떤 뜻을 세워 목적을 달성하고, 사회적 지위나 부를 얻는 것이다. 이것은 모두 눈에 보이는 것들이다. 그 사람이 얼마나 많은 돈을 벌었고, 얼마나 높은 지위에 올라갔는지 우리는 눈으로 볼 수 있다. 이러한 세상이 규정한 성공에 우리의 성공을 평가 하도록 내맡길 수는 없다. 그렇게 내맡기지 않으려면, 우리에게도 자기 자신만의 성공의 정의가 있어야 한다.

하루에 더 많이 그리고 자주 웃는 것을 성공으로 규정한 에머슨도 있고, 사랑받고 싶었던 사람들에게 사랑을 받고 사랑을 줄 수 있는 것을 성공으로 규정한 워렌 버핏도 있다. 우리가 성공을 좀 더 구체적으로, 그리고 확고하게 규정할 수 있다면, 우리의 삶도 좀 더 성공에 다가갈 수 있을 것이다.

" 성공과 행복의 기준이 더 이상 돈이나 지위가 아니라, 일에 대한 기쁨, 즐거움, 재미가 되어야 한다. " < 출처: 한상복, [재미] >

자신이 하고 싶은 일을 발견하고, 그것을 할 수 있는 사람이라면 충분히 성공한 것이 아닐까? 이것을 자신의 성공으로 규정하는 사람에게는 더 이상 바

랄 것이 없게 된다. 좁은 우물에서 떠나 넓은 세상으로 떠난다는 것은 새로운 성공에 대한 규정을 하는 과정이라고 볼 수 있다. 좁은 우물 안에서의 성공은 세상이 정해 준 성공밖에 존재하지 않는다.

세상이 정해 준 성공을 하기 위해 너무나 많은 사람이 경쟁해야 하고, 힘겹게 살아가야만 한다. 하지만 하나의 성공 기준밖에 존재하지 않는 좁은 우물에서 빠져나와 더 넓은 세상으로 가게 되면, 성공의 기준이 자신이 도달한 세상의 크기만큼 많아지게 된다. 그 결과 경쟁이 아니더라도 충분히 우리는 만족하는 성공을 할 수 있게 된다. 이것이 우리가 좁은 우물에서 벗어나 넓은 세상으로 나가야 하는 일이다.

- **진정한 여행은 몸이 떠나는 것이 아니라, 마음이 떠나는 것이다.**

그리스의 작가 겸 역사가였던 AD1세기경의 인물이었던 플루타르크가 남긴 말 중에는 이런 말이 있다.

" 우리가 내면에서 성취하는 것이 우리 외면의 현실을 바꾸어 놓을 것이다."

이 말처럼 우리의 내면에서 한 것은 결국 우리의 외면인 몸과 행동을 바꾸어 놓는다. 그렇기 때문에 우리가 우리의 내면에서 세상의 모든 것들로부터 떠날 수 있게 된다면 그 사람은 세상에서도 그렇게 할 수 있게 된다.

가장 조심해야 할 것은 우리 외면의 현실인 가난이나 질병이 아니다. 그것은 바로 우리의 내면에 있는 우리의 마음과 생각이다. 그것이 우리의 삶을 지배한다고 말해도 과언이 아니다. 우리의 마음과 생각이 진정으로 참된 성공과 부를 발견하고, 그 길을 가고자 결심하여 성취해 낼 수 있다면, 우리는 진정한 여행을 떠난 것이 될 수 있다. 이렇듯 진정한 여행은 몸이 먼 곳으로 떠나는 것이 아니다. 우리의 마음이 과거에 묶여져 있던 굴레에서 벗어나 새로운 길을 발견하는 것이다.

 과거에 묶여 있던 굴레 중에 가장 큰 것은 복수라는 굴레이다. 우리는 누군가 우리에게 용서받지 못할 짓을 했을 경우, 그 사람을 복수하고자 하며, 분노와 원망으로 하루하루를 고통 속에서 살아가게 된다. 하지만 용서한다는 것은 결코 끝나지 않는 악순환의 고리에 가해자와 피해자 모두를 가둬두어 서로에게 고통만 주는 복수의 굴레를 과감하게 떠난다는 것을 의미한다. 그런 점에서 가장 큰 마음의 여행은 용서인 셈이다.

 그런 점에서 용서는 떠나는 것이다. 그래서 용서에서 얻는 해방감은 복수라는 굴레로부터의 해방이며, 복수라는 지옥으로부터 벗어나는 여행인 것이다. 그런 점에서 용서가 갖는 의미는 무궁무진하다.

 용서는 용서하는 사람과 용서받는 사람 모두가 처음 행동의 결과와 영향에서부터 떠남이며, 그것은 가장 멋진 마음의 여행이다. 이 세상에 많은 여행이 있지만 마음으로만 할 수 있는 여행은 용서이며, 이 세상에 많은 여행이 있지만 최고의 여행은 용서이다.

진정한 여행은 몸이 떠나는 것이 아니라 마음이 떠나는 것이듯 진정한 용서는 몸으로 하는 것이 아니라 마음으로 하는 것이다. 그런 점에서 마음은 몸보다 더 큰 구실을 하는 존재이다. 용서는 우리가 마음으로부터 할 수 있는 선택 중에 가장 큰 선택이며, 우리가 마음으로부터 할 수 있는 결단 중에 가장 큰 결단이다.

용서는 당신에게 고통을 주는 그 문제보다 당신의 마음이 더 크고 넓다는 사실을 나타내 주는 결과이며 현상이다. 문제보다 당신의 마음이 작은 경우 절대 용서할 수 없기 때문이다.

용서한다는 것은 다시 말해 당신에게 상처를 주고 고통을 준 그 사람과 그 사람이 준 고통의 굴레에서 떠난다(離)는 것이다. 용서한다는 것은 우리에게 큰 아픔과 상처를 주고 몹쓸 짓을 한 사람의 얼굴에 침을 뱉고 욕을 하면서 그를 증오하며 살아가야 한다는 세상이 정해놓은 규칙을 떠난다(離)는 것이다.

우리가 우리를 지배하고 있는 세상과 삶이란 게임의 룰을 바꾸는 방법은 바로 이것이다. 과거의 땅을 떠나 새로운 땅에 정착하는 것이다. 과거의 복수라는 규칙에서 떠나 새로운 용서라는 땅으로 이주해 나가는 것이다. 이 모든 것은 우리의 마음에서 시작되어야 하고, 마음에서 완성 되어야 하는 것이다. 그런 점에서 마음 혁명은 이 세상의 그 어떤 혁명보다 중요하다고 할 수 있다.

그런 점에서 우리가 마음으로 할 수 있는 단斷 · 사捨 · 리離 중에서 용서는 최고의 행동이라고 할 수 있다. 그리스의 작가인 플루타르크의 말대로 우리 내면에서 성취하는 것이 우리 외면의 현실을 바꾸어 놓을 수 있다면, 용서야말로 우리 내면에서 성취할 수 있는 것들 중에 가장 큰 것이라고 말할 수 있다.

놀랍게도 용서한다는 것 속에는 단斷·사捨·리離의 세 가지 요소가 모두 들어가 있다. 용서는 결코 멈출 수 없게만 느껴진 가해자와의 악연과 악순환을 과감하게 끊어버리고, 상대방에 대한 분노와 원한을 버리고, 복수라는 이 세상의 룰을 떠나, 새로운 관계라는 새 땅으로 나아가는 것이기 때문이다.

 자! 이제 우리에게 무한한 고통과 상처와 분노를 주는 복수라는 땅에서 떠나(離) 우리에게 마음의 평화와 엔도르핀이 샘솟게 하는 용서라는 새로운 땅으로 나아가자.

에필로그: 마음혁명이 성공과 부와 행복을 가져다 준다.

" 행복한 사람들은 성공했기 때문에 행복한 것이 아니다. 그들은 마음 혁명을 통해, 행복을 누릴 수 있는 길을 발견했고, 그로 인해 성공도 할 수 있었던 것이다. 성공과 부와 행복을 결정하는 것은 바로 우리의 마음이다. 그 모든 것의 원천은 마음에서 시작 된다."

우리 인생에 혁명이 필요한 순간은 바로 지금이다. 우리가 아무리 성공을 했다 해도, 그리고 아무리 잘 나간다 해도, 우리에게 필요한 것은 마음 혁명이기 때문이다. 마음 혁명은 날마다 마음에 생기는 온갖 잡동사니와 쓰레기와 삶의 상처와 아픔과 원한과 분노와 후회와 슬픔과 불안과 초조를 끊고, 버리고, 떠나는 것이다. 이것은 마치 우리가 날마다 샤워하고, 날마다 면도해야 하는 것과 마찬가지이다. 얼굴에 나는 수염은 하룻밤 자고 나면, 어김없이 많이 자라 나 있다. 그것을 깨끗하게 면도하는 것은 우리의 모습을 단정하게 하고, 스스로 새로운 하루를 열심히, 그리고 상쾌하게 살아가고자 하는 다짐과 같은 행동이다.

 몸이 너무 피곤해서, 그리고 너무 바빠서, 시간이 없어서, 면도를 하지 않고 집에서 나온 날이면, 하루 종일 찝찝하다. 마음이 개운하지 않다. 그것은 얼굴에 새록새록 자라나는 수염처럼 우리 마음에도 그러한 찌꺼기들이 날마다 자라나기 때문이다. 그래서 우리들은 날마다 마음을 다 잡아야 한다. 그래서 날마다 자신을 벼랑 위에 세우며, 자신을 시험하고, 도전하는 이들도 있다. 이런 부류의 사람들은 보지 않아도, 성공의 길을 가는 사람들이다. 하지만 마음도 몸도 그냥 내버려 두면서 바쁘게만 살아가는 사람들이 있다. 이런 사람들은 매우 위험하다. 마음을 제대로 다잡지 못한 사람들은 아무리 큰 성공을 하고, 아무리 큰 돈을 벌게 된다 해도, 결코 행복할 수 없기 때문이다. 갑자기 로또에 당첨되어, 백만장자가 되는 사람들이 몇 개월 안에 그 재산을 다 탕진하고, 온전했던 가정마저, 파탄이 나고, 이혼당하고, 실직당한 사람들이 적지 않은 이유가 바로, 마음 혁명을 하지 않았기 때문이다.

마음 혁명을 통해, 자신의 마음을 다잡으며 살아가는 사람들에게 로또 당첨금과 같이 큰돈이 생겼다면, 이들은 보다 현명하게, 보다 올바르게 삶을 이끌어 갈 것이다. 그것은 참 된 부자는 돈에 의해 만들어지는 것이 아니기 때문이다. 참된 인생의 변화는 돈이나 출세, 성공에 의해 이루어 지지 않는 다. 참 된 인생의 변화는 마음 혁명을 통해서만 일어난다. 마음으로부터 진정 평화롭고, 자유롭고, 풍요로운 삶을 살고 있는지, 우리는 자신에게 자문해 보아야 한다. 진정 잘 사는 인생은 돈만 많다고 가능한 것이 아니다. 재벌 회장의 외동딸이 먼 나라에 가서 자살하는 것을 보면, 돈만 있다고 우리는 인생을 잘 살 수 있다는 망상에서 벗어날 수 있다.

" 출세와 성공, 돈과 물질과 상관없이 우리는 잘 살 수 있다. 그리고 행복할 수 있다. "

그러한 잘 사는 것은 멀리 있지 않다. 우리 외부에 있지도 않다. 바로 우리의 내면, 즉 마음속에 잠자고 있다. 우리는 그것을 깨우면 된다. 바로 마음 혁명이 그것을 깨우는 방법이라고 말 할 수 있다. 우리의 삶을 진정 변화시킬 수 있는 것은 바로 '마음'에서부터 시작 되어야 한다. 마음에서부터 평화를 찾을 수 있다면, 우리 삶도 그러해진다. 마음에서부터 풍요로워 질 수 있다면, 우리 삶도 풍요로워질 수 있다. 마음에서부터 자유로울 수 있다면, 우리 삶도 역시 자유로울 수 있다. 그것이 마음 혁명의 힘이다. 더 이상 돈이나 출세에 연연해하지 않을 수 있다. 그것과 상관없이 우리는 행복할 수 있고, 잘 살 수 있다.

우리 모두 그러한 삶을 살아 보자.

" 주는 것이 받는 것이다. " 라고 말한 성 프란체스코의 말처럼,

" 버리는 것이 얻는 것이다. " 라는 사실을 명심하며, 실천해 보자.

이러한 마음 혁명을 실천할 때, 우리의 삶이 바뀔 수 있고, 세상이 바뀔 수 있다.

누가 뭐래도 나는 믿는다.

'타인을 먼저 행복하게 하는 것이 나를 행복하게 하는 것'이라는 사실을 말이다. 우리를 못 살게 했고, 불행하게 했고, 실패하게 했던 과거의 마음으로부터, 끊고, 버리고, 떠나자. 그래서 새로운 마음으로 새롭게 살아가자.

" 인간은 가치화 의미를 추구하고 실현하는 존재이다. 인간의 가치에는 창조의 가치, 체험의 가치, 태도의 가치 등 세 가지가 있다. 그 중에서도 가장 중요한 것은 태도의 가치이다. 인간은 어떤 환경에도 적응할 수 있다. 인간은 의식과 자유와 책임의 주체이다. 인간은 견딜 수 없고, 변화시킬 수 없는 절망적 운명에 직면하더라도 그 상황에 대해 어떤 태도든 취할 수 있고, 그가 취하는 태도에 따라서 어떤 가치도 실현할 수 있다.

인간은 절망적 상황 속에서도 의연한 자세로 의미 있는 태도를 취할 수 있고, 의미 있는 행동을 할 수 있다. 자유와 책임의 주체인 인간에게 있어서 가장 중요한 것은, 인생에 대해 어떤 태도를 취하며 어떻게 살아가느냐 하는 것이다."

[세상은 꿈꾸는 자의 것] 이라는 빅토르 프랭클의 글이다. 인간에게 가장 중요한 것은 그의 말대로 인생에 대해, 어떤 태도를 취하며, 어떻게 살아가느냐 하는 것이다. 다시 말해 인생에 중요한 성공과 실패도, 가난과 부도, 행복과 불행도 모두 마음에서부터 결정 된다는 것을 우리들은 반드시 명심해야 한다.

우리로 하여금 부자가 되게 하고, 성공과 행복을 가져다주게 하는 출발점은 바로 마음 혁 명이다. 마음혁명은 평생 지속되어야 한다. 마음 혁명을 통해 새로운 삶을 살아가자! 어제와 다른 삶을 살고 싶다면, 무엇보다 마음을 혁명하라!

가난과 패배로 얼룩진 삶을 사는 이유는 우리의 마음이 늘 하던 대로의 마음으로 살아가기 때문이다. 세상 모든 사람은 자신만의 고유한 마음을 가지고 있고, 그 마음의 모습대로 사람과 세상을 인식하게 된다. 그런데 부자나 승리자들은 가난하고 인생의 낙오자와는 전혀 다른 종류의 마음을 가지고 산다. 바로 그러한 다른 종류의 마음이 부와 성공과 행복을 가르는 것이다.

이 세상에 존재하는 두 가지 마음의 종류 중에 첫 번째 종류의 마음은 집착하고 두려워하고 구속된 마음이다. 이런 마음을 가지고 살아가는 사람들은 절대 부자가 되지 못하고, 성공하지 못한다. 이 세상에서 가장 큰 힘은 우리 내면에 존재하는 데, 이런 종류의 마음은 그 힘이 깨어나지 못하게 계속 방해하는 장애물에 불과하기 때문이다.

반면에 우리에게 큰 성공과 큰 부와 행복을 가져다주는 두 번째 종류의 마음은 어떤 것에도 연연해하지 않는 마음이며, 어떤 분노나 두려움도 없는 강한 마음이며, 어떤 것도 확신하며 믿는 뜨거운 마음이며, 어떤 욕심이나 욕망에 사로잡힌 마음이 아니다. 이런 종류의 마음은 과거에 현인들이 군자의 마음이라고 불렀던 것이다. 군자의 마음을 가지게 될 때, 세상의 부와 성공에 집착하지 않게 되는 데, 오히려 이렇게 집착하지 않게 될 때, 세상의 부와 성공이 더 몰려들게 되는 기적이 발생하게 된다.

 단사리 마음혁명은 첫 번째 종류의 마음을 두 번째 종류의 마음으로 탈바꿈시키는 것을 말한다. 그로 인해 세상의 부와 성공에 대해 그 어떤 집착이나 욕망도 없지만, 오히려 더 성공하게 되고, 더 큰 부자가 될 수 있다. 그러므로 이제 끊고(斷), 버리고(捨) 떠나자(離).

 새롭고 눈부신 미래를 마음 혁명과 함께 맞이해 보자. 바로 단사리 마음 혁명이 그것을 가능하게 해 줄 것이다. 그러므로 지금 당장 마음을 혁명하라. 무릇 지킬만한 것보다 더욱더 마음을 지켜라. 그것이 부와 성공의 길이며, 행복과 번영의 길이다.

판권

종이책 : 값 12,000 원

초판 인쇄: 2025년 11월 30일
초판 발행: 2025년 11월 30일

지은이: 김병완
발행인: 플랫폼연구소

출판등록: 제 2020-000075호

전화: 010-3920-6036 / 02-556-6036
이메일: pflab2020@naver.com

주소:서울시 강남구 삼성동 116 백우빌딩 402호

ISBN 979-11-91396-74-4(03190)

* 이 책의 전부 또는 일부 내용을 재사용하시려면 사전에 저작권자와 도서출판 (주) 플랫폼연구소의 동의를 받아야 합니다.

* 잘못된 책은 구입하신 서점에서 교환하여 드립니다.